Contrapunto

Mahmud Darwish

Contrapunto

Selección y traducción
de Luz Gómez

Galaxia Gutenberg

Galaxia Gutenberg,
Premio TodosTusLibros al Mejor Proyecto Editorial, 2023,
otorgado por CEGAL (Confederación Española de Gremios
y Asociaciones de Libreros).

Edición al cuidado de Jordi Doce

Traducción del árabe:
Luz Gómez

Publicado por
Galaxia Gutenberg, S.L.
Av. Diagonal, 361, 2.º 1.ª
08037-Barcelona
info@galaxiagutenberg.com
www.galaxiagutenberg.com

Primera edición: marzo de 2025

Preimpresión: Maria Garcia
Impresión y encuadernación: Romanyà-Valls
Sant Joan Baptista, 35, La Torre de Claramunt-Barcelona
Depósito legal: B 67-2025
ISBN: 978-84-19738-59-2

El poder de la poesía

«Aquí y ahora» se titula el último poema de esta antología. Es una idea que resume bien la poética de Mahmud Darwish, nacido en Birwa, Palestina, en 1941, y fallecido en Houston, Estados Unidos, en 2008. «Aquí y ahora» expresa la condición existencial de desposesión espacial y temporal que sufren los palestinos, y su busca continua de restitución. No es, por lo tanto, una condición solo individual del poeta Mahmud Darwish, aunque sea su razón de ser poética: la fractura es histórica, y por ello real, de ningún modo metafórica o simbólica, al igual que lo es la necesidad de reparación. Darwish, un poeta muy consciente de sí mismo, o mejor, de la grandeza de la poesía, alertó pronto de la trampa en que podía caer el creador palestino ante esta situación que lo eleva a voz que denuncia, y defendió el imperativo de practicar una absoluta libertad que evitara que la poesía palestina, y el palestino mismo, fueran prisioneros de una vivencia del instante y la duración a remolque de la Ocupación.

La realidad material e inmaterial de Palestina se ha visto asediada durante el último siglo por el proyecto sionista de limpieza étnica. Las consecuencias del colonialismo de asentamiento israelí es lo que se conoce como Nakba, un término que, aun significando originalmente 'desastre' y vinculado a la fundación del Estado de Israel en 1948, alberga la determinación que ha hecho posible la supervivencia del pueblo palestino, su resistencia a ser exterminado. Como la Nakba no ha cesado, como los palestinos siguen ahí igual que la tierra en la que arraigan, pensar en la historia, en la Nakba, como un hecho clausurado se antoja un ejercicio de prestidigitación que los palestinos no pueden permitirse: todo palestino existe aquí y ahora frente a una Nakba que no ha cesado.

Nacer en Birwa, un pueblo de mil quinientos habitantes, un enclave milenario en las colinas de Galilea que dan al Mediterráneo oriental, borrado del mapa por el Ejército israelí en julio de 1948, marcó para siempre a Darwish. Como se cuenta en su obra autobiográfica *En presencia de la ausencia* (2006)[1], desde adolescente supo del poder de la poesía. En la Palestina del Interior, como se conoce a los territorios que quedaron anexionados a Israel en 1948, las voces de los jóvenes poetas vehicularon la reivindicación identitaria

1. Mahmud Darwix, *En presencia de la ausencia*, pról. Jorge Gimeno, trad. Luz Gómez, Valencia, Pre-Textos, 2011.

8

y política de una población convertida, en apenas seis meses, en apátrida en su propia tierra. Ya un Darwish escolar chocó con la autoridad militar por un poema leído con motivo de la fiesta nacional israelí: en él un chaval palestino se dirigía a uno judío lamentándose por las injusticias que sufría su gente. Amonestaron al padre, que era, como toda la familia, un «presente ausente», estatuto jurídico de los palestinos que en 1949, por distintos motivos, no figuraron en el primer censo israelí: existían físicamente, ahí estaban, sobre el suelo del nuevo Estado, pero este les negaba la ciudadanía y confiscaba sus propiedades dándoles por ausentes, lo mismo que a los refugiados expulsados.

Para Darwish, como para Audre Lorde, la poesía nunca fue un lujo. Con dieciséis años fue encarcelado por desplazarse sin permiso a dar un recital. En Haifa, donde se instaló y trabajó en la prensa comunista, pasó la década de 1960 entrando y saliendo de prisión o bajo arresto domiciliario. La derrota árabe de 1967 en la guerra de los Seis Días abrió una brecha inesperada en el aislamiento que padecían los palestinos del Interior, sin comunicación con su entorno natural, histórico y cultural. El resto de los árabes, y en breve el mundo literario europeo, supo entonces de la existencia de lo que el narrador palestino Gassán Kanafani denominó, con gran acierto performativo, «poesía de

9

resistencia» (fue en un ensayo que incluía el poema de Darwish «Enamorado de Palestina», recogido en estas páginas). Esta caracterización, que con el tiempo se convertiría en un lastre, logró sin embargo algo fundamental: devolvió a los palestinos una voz que se les había usurpado.

En Haifa y luego en el exilio –en El Cairo y Beirut en la década de 1972-1982, y en Túnez y París hasta 1996–, Darwish se implicó directamente en la lucha política. Fue miembro de la Organización para la Liberación de Palestina (OLP) y formó parte del Comité Ejecutivo del Consejo Nacional Palestino. Llegados los Acuerdos de Oslo (1993), de los que disintió, abandonó esas responsabilidades, si bien siguió ejerciendo laborales culturales y periodísticas.

Desde la primera colección de poemas publicada tras su marcha de Israel en 1970, que contiene el paradigmático «Sirhán se toma un café en el bar», cada libro de Darwish fue un acontecimiento. Para, a renglón seguido, desatarse la controversia por los siempre inesperados giros del poeta, que causaban no poca perplejidad en un público que le pedía «más de lo mismo», de lo conocido, de lo que le ayudaba a afirmarse en un Mundo Árabe sometido a una continua degradación. Darwish no se plegó nunca a estas exigencias, que respetaba en lo humano, pero que sabía devastadoras para el verdadero poeta. De ahí su continua indagación en las diversas formas de la poesía árabe, a sabiendas de que se trataba de un género con una tradición de mil quinientos años, que se tenía a sí mismo por depositario de toda una civilización, y que como tal era respetado. En el caso de Palestina, con la creación del Estado de Israel la poesía se había visto menoscabada, en la medida en que la cultura en todas sus manifestaciones fue —y sigue siendo— objeto de la aniquilación inherente a la Nakba. A ello ha de sumarse una segunda cuestión, y es que la Nakba de 1948 afectó al conjunto de la poesía árabe de una forma peculiar: los poetas se volcaron en una experimentación formal y temática que rechazaba los modelos precedentes, juzgados inoperantes a la hora de denunciar el creciente autoritarismo, la ignorancia, la pobreza o el conservadurismo religioso de los regímenes árabes poscoloniales, incapaces de hacer frente a Israel.

En estas circunstancias, un poeta como Darwish, enraizado, hubo de modular una poética que atendiera tanto a la preservación de una tradición reverenciada como a la necesidad imperiosa de situar su voz en el tiempo. Son ejemplo de ambas cosas poemas como «Una rima por las *muʿallaqas*» o «De las romanzas de Abu Firás al-Hamdani». El novelista libanés Elias Khoury, uno de los intelectuales árabes más respetados, llegó a afirmar que Darwish resume la poesía árabe contemporánea como al-Mutanabbi (m. 965) la clásica. Curiosamente, el propio Darwish decía de al-Mutanabbi, quizá su poeta más admirado: «Si tuviésemos que leer toda la poesía árabe sintetizada en un solo poeta, ese sería al-Mutanabbi».

En la poesía de Darwish, el lector entiende y comparte un mundo y un razonamiento que son holísticos, ajenos a la parcelación y la fragmentación, tan coloniales como capitalistas. Las relaciones entre los elementos del poema se articulan para que nada sea gratuito. La premisa del poeta es que «la poesía es básicamente estructura». Late en esta afirmación el pulso de la casida, el poema árabe clásico rimado, que apunta a un 'objetivo', significado último del término árabe *qasida*. En su lúcida trayectoria, Darwish cultivó tanto el poema largo y trabado como el breve y suelto; trabajó lo culto y lo popular; miró a lo árabe y a lo foráneo. «Contrapunto», el poema que da título a esta antología, perteneciente al libro *Como la flor del almendro o allende* (2005)[1], es una elegía a Edward Said que se sirve de lo dialógico –recurso primordial en la poesía de Darwish– para plantear el universo de aparentes contradicciones que

1. Mahmud Darwix, *Como la flor del almendro o allende*, trad. Luz Gómez, Valencia, Pre-Textos, 2009.

12

hostigan a lo palestino: la herencia y el futuro, la identidad y la libertad, la historia y la justicia. Lo hace, además, siguiendo una pauta compositiva tomada de Abu Hayán al-Tauhidi (conocido como «el filósofo de los literatos y el literato de los filósofos», m. 1023), la cual rigió toda su poesía de madurez: «La palabra mejor es aquella que se asemeja al verso siendo prosa y a la prosa siendo verso».

La presente selección de poemas privilegia lo que el autor denominó «obra nueva», que se inicia con el libro *¿Por qué has dejado solo al caballo?* (1995)[1], una suerte de autobiografía lírica escrita en vísperas de su regreso a Palestina. En 1996 Darwish se instaló en Ramala y Ammán y vivió la paradoja de volver pero no haber vuelto, pues «el exilio –concluyó– no es un viaje de ida y vuelta». En los poemas de este periodo domina el tono reflexivo y filosófico. No obstante, es una poesía en la que lo meditativo no sacrifica la intuición, la ironía e incluso el humor, ni, por supuesto, una mirada ingenua, indómita, como de alguien que ve el mundo por primera vez, rasgo mayor de su poesía, como ya apreció Fadwa Tuqán, gran poeta palestina de una generación precedente.

1. Mahmud Darwish, *¿Por qué has dejado solo al caballo?* / *Estado de sitio*, ed. y trad. Luz Gómez, Madrid, Cátedra, 2023.

Pocas figuras concitan hoy un mayor reconocimiento en el Mundo Árabe que Mahmud Darwish. Esta afirmación entraña sus riesgos, y no es el menor el de la evidencia de la desestructuración del Mundo Árabe por el que él luchó. Esto es, la encrucijada en que se halla el futuro mismo del común denominador «árabe». «Nada de grandes discursos, la elocuencia se suicidó hace tiempo», le decía en 2003 Darwish al poeta libanés Abbas Beydoun, que le interrogaba acerca del sentido de la poesía ante la exacerbación de la violencia en plena Segunda Intifada. «Los israelíes –afirmaba Darwish– vencen con armas y misiles... Yo me veo a mí mismo venciendo con poemas. Los misiles pueden ser derribados. Un poema bello, no. Lo difícil es escribir buena poesía»[1]. El genocidio de Gaza hoy en curso es la expresión más reciente y brutal del proceso de desarticulación del Mundo Árabe en general y de la erradicación de Palestina en particular. Con todo, Darwish nunca renunció a la esperanza («la fuerza indómita del débil», la llamaba), y se propuso la tarea de idear «una esperanza para el verbo», en el convencimiento de que, en la tierra del Relato, quien escriba su historia heredará el futuro. Es más: el imperativo es el

1. Mahmud Darwish, *El poeta troyano. Conversaciones sobre la poesía*, ed. y trad. Luz Gómez, Madrid, Ediciones del Oriente y del Mediterráneo, 2023, p. 87.

canto, porque en su belleza, «en la hierba que crece bajo los cascos de la caballería, y no en los cascos», reside la libertad.

LUZ GÓMEZ
1 de noviembre de 2024

Contrapunto

I

Enamorado de Palestina

Tus ojos son una espina en mi corazón,
me duele... pero la adoro,
la guardo del viento,
me la clavo más allá de la noche y los dolores, me la
      clavo
y la herida enciende la luz de las lámparas,
su mañana se vuelve mi presente.
La quiero más que a mi alma,
y en cuanto ojo y ojo se encuentran, olvido
que un día, del lado de fuera de la puerta, ¡fuimos dos!

Tus palabras... eran un himno:
yo intentaba cantar
pero la pena cercaba el labio en primavera.
Tus palabras, como las golondrinas, alzaban el vuelo:
en otoño emigraban contigo de las puertas y umbrales
de nuestras casas a donde quisiera el deseo...

Nuestros espejos se rompieron,
la tristeza se multiplicó por mil
y recogimos las astillas de una voz...

que entonaba ¡la elegía del país!
La sembraremos juntos en el cuerpo de una guitarra
que tocaremos
en las azoteas de nuestra catástrofe
para piedras y lunas deformes.
Porque la había olvidado... olvidado, oh voz desconocida:
al marcharte se oxidó la guitarra... ¿O ha sido por mi
    silencio?

Ayer te vi en el puerto,
viajera sin parientes... sin provisiones.
Corrí hacia ti como un huérfano
que pregunta a la sabiduría de sus abuelos:
¿Cómo es que han empujado a los huertos verdes
a prisión, al exilio, a una dársena
y ahí siguen, a pesar de la travesía,
a pesar de los vientos salobres y los deseos,
ahí siguen siempre verdes?
Escribo en mi diario:
Amo las naranjas. Odio el puerto.
Y sigo escribiendo:
En el puerto
me detuve. El mundo tenía ojos de invierno
y nosotros, mondas de naranjas. Detrás de mí, el desierto.

Te he visto en los cardos de los montes,
pastora sin ovejas
perseguida, entre las ruinas...
Tú eras mi jardín y yo el forastero
que llamaba a tu puerta, oh corazón.
En mi corazón...
la puerta, la ventana, los cimientos, las piedras fraguan.

Te he visto en las cántaras de agua y de trigo
hechas añicos. Te he visto camarera en clubes noc-
    turnos.
Te he visto en las ranuras de las lágrimas y las heridas.
Tú eres en mi pecho otro pulmón...
Tú, tú, la voz de mis labios...
Tú el agua, tú el fuego.

Te he visto a la entrada de la cueva...
tendiendo en la cuerda la ropa de tus huérfanos.
Te he visto a la lumbre y en las calles...
        en los corrales... en la sangre del sol.
Te he visto en los cantos de orfandad y desposesión.
Te he visto rebosante de sal y de arena.
Eras preciosa como la tierra... como los niños... como
    el jazmín.

Y juro:
Que con las pestañas de mis ojos tejeré un pañuelo
y bordaré un poema a tus ojos
con un nombre que dicho derrite el corazón…
para alimento de las ninfas del bosque.
Escribiré una frase más hermosa que las promesas y los
    besos:
«Era palestina. ¡Y lo sigue siendo!».

En una noche de tormenta abrí la puerta y la ventana
a la luna anquilosada de nuestras noches,
y dije: ¡Es mi turno!
Más allá de la noche y de los muros…
he hecho una promesa a las palabras y a la luz.
Tú eres mi jardín virginal…
–y nuestras canciones,
espadas que blandimos.
Eres leal como el trigo…
–y nuestras canciones,
simiente que sembramos.
Eres como una palmera en la imaginación,
que no la troncha tormenta ni machete,
que no deja que le arranquen las crenchas
las fieras del desierto o del bosque…
Pero a mí, exiliado tras los muros y la puerta,
ponme a salvo en tus ojos

ponme donde estés
ponme como sea:
recobraré el color de cara y cuerpo,
la luz del corazón y la mirada,
la sal del pan y de las melodías
y el sabor de la tierra y el país.
Ponme a salvo en tus ojos,
haz de mí tabla de olivo en la choza de la miseria,
haz de mí aleya del libro santo de mi infortunio,
haz de mí juguete… piedra de la casa
para que otra generación recuerde
el sendero a casa.

Palestina en ojos y tatuaje
palestina en el nombre
palestina en los sueños y las penas
palestina en el pañuelo, los pies y el cuerpo
palestina en las palabras y el silencio
palestina en la voz
palestina en el nacimiento y en la muerte.
Te llevaba en mis viejos cuadernos,
fuego para mis versos.
Te llevaba de provisión en mis viajes.
En tu nombre grité en los valles:
¡La caballería cruzada… bien la conozco,
aunque sea otra la batalla!

Tened cuidado… Cuidado
con el relámpago que mi canto saca del pedernal.
Yo soy la flor de la juventud, la gala de los caballeros.
El destructor de los ídolos.
Los confines del Levante los siembro
de poemas ¡que los buitres perdonan!
En tu nombre he gritado al enemigo:
Comeos mi carne si me quedo dormido, gusanos.
De los huevos de las hormigas no nacen águilas…
Pero un huevo viperino…
¡esconde una serpiente!
¡La caballería cruzada… bien la conozco,
mas por encima de ella sé que
yo soy la flor de la juventud, la gala de los caballeros!

La celda no tiene muros

Como de costumbre,
me ha salvado de la muerte mi celda,
y de la herrumbre de pensar y del engaño
de una idea agotada.
En su techo he hallado el rostro de mi libertad,
el huerto de naranjos
y los nombres de aquellos que ayer perdieron el nombre
en el polvo de la batalla.

Me voy a declarar ahora,
qué bonito es declararse,
así que no te pongas triste el domingo
y di en la aldea:
Nos casamos
a principios de año.

Los pájaros se me escapan del puño,
las estrellas se alejan de mí... y el jazmín;
el número de los que bailan mengua
y tu voz se apaga antes de tiempo,
pero mi celda,

como de costumbre,
me ha salvado de la muerte,
mi celda...
en su techo he hallado el rostro de mi libertad
y tu frente ha resplandecido por encima del muro.

Sirhán se toma un café en el bar

Vienen,
nuestras puertas son el mar, nos ha sorprendido una
lluvia. No hay dios sino Dios.
Nos han sorprendido una lluvia y unas balas. Aquí la
tierra es alfombra y ¡destierro las maletas!
Vienen,
que se apeen los astros que llegan sin cita. Las espaldas
apoyadas en puñales caerán.
¿Qué ha sucedido?
No sabes a qué día estamos. No hay color. Ni sonido.
Ni sabor. Ni forma... Sirhán nace, Sirhán crece,
bebe vino y se emborracha. Dibuja a su asesino,
rompe el dibujo. Y cuando al fin cobra forma, lo
mata.
Sirhán descansa.
¿Eres un asesino, Sirhán?
Sirhán garabatea algo en la manga de su gabardina, y
del informe del crimen se escapa un recuerdo... Se
escapa... Se hace pico de pájaro
y come los granos de trigo de los campos de Marj Ibn
Ámir.

29

Y a Sirhán se le acusa de guardar silencio. Sirhán es un
asesino.

* * *

No fue amor.
Unas manos que dicen algo, y se apagan.
Nacen cadenas
Nacen cárceles
Nacen exilios
Nos arropamos con tu nombre.
No fue amor.
Unas manos que dicen algo… y se apagan…
Lo sabemos: éramos gentes, y hoy somos piedras.
Lo sabemos: eras un país, y hoy eres humo.
Y sabemos más cosas,
las sabemos, pero todas las viejas cadenas
son hoy brazaletes de rosas
son hoy hímenes
en los nuevos destierros.
Nos arropamos con tu nombre.
No fue amor.
Unas manos que dicen algo, y se apagan.
Sirhán miente cuando dice: Me amamanté de tu leche.
Sirhán es hijo de un pasaje de barco, se crio en la coci-
na de un carguero que nunca tocó tus aguas.

¿Cómo te llamas?

–Lo he olvidado.

¿Y cómo se llama tu padre?

–Lo he olvidado.

¿Y tu madre?

–Lo he olvidado.

¿Dormiste anoche?

–He dormido siglos.

¿Has soñado?

–Mucho.

¿Con qué?

–Con cosas que no he visto en mi vida.

Y de repente les gritó:

–¿Por qué coméis hortalizas de contrabando de los huertos de Jericó?

–¿Por qué bebéis aceite de contrabando de las llagas de Cristo?

Y a Sirhán se le acusa de excepción a la regla.

* * *

Hemos visto a sus dedos suplicar. Medía el cielo con sus grilletes.

El azul del mar lo fustiga el policía, asistido por un criado asiático.

Un país que ha cambiado de gentes, las estrellas son guijarros.

31

Cantaba: Nuestra generación pasó, está acabada. Nuestra generación pasó, está acabada.
En nosotros engendra el invasor. Se multiplican los tiranos. Sangre como agua,
solo la enjugan la azora «La Noticia» y el quepis del policía y su criado asiático. Medía el tiempo con sus grilletes.
Le preguntamos: Sirhán ¿qué te preguntabas?
Dijo: ¡Largaos! Y nos fuimos
con las madres que se habían casado con nuestros enemigos.
Ellas gritaban algo parecido a nuestros nombres
y el eco respondía: ¡Guardias!
Gritaban: ¡Trigo!
y el eco: ¡Guardias!
Gritaban: ¡Justicia!
y el eco: ¡Guardias!
Gritaban: ¡Yaffa!
y el eco: ¡Guardias!
Y desde entonces las madres ya no rezan, y nosotros medimos el cielo con nuestros grilletes
mientras Sirhán, abrazado a una turista,
se ríe en la cocina del carguero, lejos la ruta a Jerusalén y Nazaret.
Y a Sirhán se le acusa de ido y nihilista.

* * *

Todos los países quedan lejos.

Otras calles desaparecieron de su ciudad (en la fiesta nocturna, su soledad y las canciones le habían susurrado que en algún sitio hubo un cuarto para él).

El olor a café molido es geografía.

No te han expulsado... ni matado.

Tu padre se refugió en los textos, y vinieron los ladrones.

No eres un vagabundo... ni un mártir... Tu madre vendió sus trenzas por espigas y deseos: en los brazos lucimos un jinete que no se rinde (tatuaje profundo); en los dedos una viña que no emigra (tatuaje profundo).

Los pasos de los mártires doblegarán a los invasores (himno antiguo).

Dos ventanas al mar, oh patria, borran los exilios... y yo regreso (sueño neo-antiguo).

Otras calles desaparecieron de su ciudad (en la fiesta nocturna, su soledad y las canciones le habían susurrado que en algún sitio hubo un cuarto para él).

El olor a café molido es geografía.

El olor a café molido es una mano.

El olor a café molido es una voz que llama... y ase.

33

El olor a café molido es una voz y un alminar (algún día volverás).

El olor a café molido es una flauta que gorjea el agua de los canalones. Un día se marcha el agua y queda el eco.

Sirhán lleva consigo las aceras, las *boîtes* y la agencia de viajes. Sirhán conoce más de una lengua y de una chica. Tiene un visado de entrada y salida del océano. Pero Sirhán es una gota de sangre en busca de la frente que la sangró... Sirhán es una gota de sangre en busca del cadáver que la olvidó... ¿Dónde?

No eres un vagabundo... ni un mártir.

El olor a café molido es geografía.

Sirhán se toma el café...

Y divaga.

* * *

Aquí Jerusalén...

Oh mujer de leche de ruiseñores, ¿cómo abrazar mi sombra... y quedarme?

Te crearon aquí. Y duermes allí.

Su ciudad no duerme. Sus nombres no duran. Casas que han cambiado de moradores. Las estrellas son guijarros.

Otras cinco ventanas, otras diez abandonan una fachada

y engrosan un recuerdo... mientras el barco zarpa.

Sirhán dibuja algo y lo borra: aviones, un viejo dios, y el napalm abrasando un rostro y una ventana... creando un Estado.

Aquí Jerusalén...

Oh mujer de leche de ruiseñores, ¿cómo abrazar mi sombra... y quedarme?

El extranjero no tiene sombra.

La noche le acompaña, una noche lejos de las madres, cerca de los recuerdos. Sirhán no lee la prensa árabe... No sabe de festivales ni manifiestos. ¿De dónde le viene semejante tristeza?... ¿Por qué ha vomitado?

Qué son Jerusalén y las ciudades perdidas
sino camellas que los beduinos montan
camino del poder voraz.

Qué son Jerusalén y las ciudades perdidas
sino púlpito para la oratoria.

Depósitos de melancolía.

Qué es Jerusalén sino una botella de vino y una cajetilla de tabaco...

... Pero es mi patria.

Os costará separar
el zumo de su fruta de los glóbulos de mi sangre...

Es mi patria
y os costará encontrar la menor diferencia
entre el maizal

35

y los surcos de la palma de mi mano.
Ella es mi patria…
En nada se distinguen la noche que habita la memoria
y la que habita el Carmelo.
Es mi patria:
en la verdad y en la sangre hay sitio para todos.
La raya de tiza no frenará las próximas lluvias.
Aquí Jerusalén…
¿Cómo –en las canciones– mi libertad abraza a mi es-
    clavitud?
Sirhán dibuja un pecho y lo habita.
Sirhán llora sin recompensa ni medallas,
se toma su café… y divaga.

* * *

Rompe unas nubes y las arroja al viento. ¿Y qué? Son
    nubes muy fértiles. Piden un suelo apropiado.
¿Son inútiles nuestros gritos?
Has comido… bebido… y te has dormido. Has soñado
    mucho. Te has despertado.
Has aprendido a conjugar un verbo nuevo. El sentido
    del verbo ¿es sonido o morfología?
Escribes las letras ع، ص، ق، ظ، ض y huyes: albergan el bra-
    mido de los océanos y lo hueco. Furor de vacío, le-
    tras que nos distinguen de los demás. *Nos abalan-*

36

zamos sobre ellos igual que el destino. Fueron polvo, fueron nada. Nada somos. Ellos aran nuestra infancia, y de mitos forjan armas.

No cantan sus banderas. Las nuestras abortan los truenos. Les bombardeamos con letras tripudas: ق، ص، ع ض، ظ،. Cantamos victoria. ¿Qué es la tierra? ¿La tierra de qué sirve? ¿No es barro y lodo? ¿Luchar o no luchar?

Tu pregunta importa poco mientras la revolución árabe esté en manos de himnos, celebraciones, bancos y parlamentos.

Sabes que el invasor es el chuzo del mameluco. Escribes ض، ظ، ق، ص، ع.

Rompes unas nubes y las arrojas al viento. ¿Y qué? Son nubes muy fértiles. Piden un suelo apropiado.

El barco zarpa. Sigues siendo extranjero. Tus heridas son comunicados y manifiestos. En tu nombre triunfa el alifato, en tu nombre Jesús se sienta en un despacho, cierra un trato de licores y telas y luego saluda, en tu nombre, a las tropas. En tu nombre te meten en una tienda de campaña y te ponen en conserva. No hay identidad sino tiendas. Si ardieran... la patria se esfumaría.

En tu nombre idas y venidas. En tu nombre Hittín se muda en una plantación de hachís y tus antiguos revolucionarios en carteros. En tu nombre

37

nada. Llegan los jueces y le dicen a la arcilla: Sé un gran
monte, y lo es. Le dicen al arroyo: Hazte río, y se
hace.
Escribes ع، ص، ق، ظ، ض.
Rompes unas nubes y las arrojas al viento. ¿Y qué? Son
nubes muy fértiles. Piden un suelo apropiado.
¿Son inútiles nuestros gritos?
Las tiendas de tus campamentos no son la rosa de los
vientos. Ni sombrillas de playa.
Ármate con las estacas de la tienda. Arde, oh identidad
nuestra –gritó un refugiado.
Sirhán se bebe su café. Galilea es inconfundible.
Y sueña, sueña, sueña… ¡Ah Galilea!

* * *

El que un día dejó de arder
confió sus dedos a las vendas
y declaró a la prensa y a las cámaras:
Estoy herido, camaradas.
Lo condecoraron… y regresó.
Sirhán
no ha dicho: Mi herida es un candil de aceite; no ha
dicho…
Mi pecho es una celosía. Ni ha dicho…
Mi piel es una alfombra para la patria.

38

Nunca ha dicho nada.

¿Son inútiles nuestros gritos?

Morimos a diario, arden los pasos y nace un fénix incompleto, renacemos para que nos maten de nuevo.

Oh país mío, venimos a ti presos y muertos.

Sirhán era un prisionero de guerra, y un prisionero de paz.

En los muros del cautiverio lee las noticias de su revolución tras las piernas de una cantante. La vida sigue su curso, las hortalizas pasan de contrabando del esclavo al tribuno. ¿Cuál es la diferencia entre piedras y mártires?

Sirhán era carne de guerra, y era carne de paz.

En los muros del cautiverio subastan su cadáver. La diáspora árabe se pregunta: ¿Cuál es la diferencia entre invasores y tiranos?

Sirhán era víctima de la guerra, y víctima de la paz.

En los muros del cautiverio las botas de la guardia real pisotean la bandera nacional. Tu guerra es doble. Tu guerra es doble.

¡Sirhán! Nada queda, nada pasa. Te has vuelto extranjero... Refugiado... Has sabido. No eres un vagabundo... ni un mártir. Las tiendas de tus campamentos han volado, como pavesas.

En el viento hay sitio.

¿Has matado?

Calla Sirhán. Se toma su café y divaga. Dibuja un mapa sin fronteras. Mide el campo con sus grilletes.

–¿Has matado?

Sirhán no habla. Dibuja de nuevo a su asesino, rompe el dibujo, y cuando al fin cobra forma, lo mata…

–¿Has matado?

Sirhán garabatea algo en la manga de su gabardina, y del informe del crimen se escapa un recuerdo… Se escapa… Se hace pico de pájaro

y siembra una gota de sangre en los campos de Marj Ibn Ámir.

II

Como la *nun* de la azora «El Clemente»

Al este del manantial,
en el olivar, se abandonó a su sombra
errante mi abuelo. No ha crecido a su sombra
ninguna hierba legendaria,
ninguna nube ha derramado
lilas sobre la escena.

Dormitaba, y la tierra, como si fuera de esparto,
estaba cosida con un punzón de zumaque…
El abuelo se sacudió el sopor
para recoger los sarmientos de su viña
enterrada bajo la calle negra…

Me enseñó el Corán bajo un mirto
al este del pozo:
de Adán venimos y de Eva
y del paraíso del olvido.
Abuelo, soy el último ser vivo
del desierto, ¡subamos!

Rodean su nombre, libre de centinelas,
el mar y el desierto,
que no conocen a mi abuelo ni a sus hijos,
ahora en pie en torno a la *nun*
de la azora «El Clemente»,
¡oh Dios, da fe de él!

Que él, nacido de su esencia
y enterrado junto al fuego
como fuego que es,
ceda al fénix su secreto quemado
para que prenda
las luces del templo.

Al este del manantial,
en el olivar, se abandonó a su sombra
errante mi abuelo. No se ha alzado sobre su sombra
sol alguno. Ni se han cernido sobre su sombra
sombras,
y mi abuelo, cada vez más lejano...

De las romanzas de Abu Firás al-Hamdani

Un eco que vuelve. Una galería a la que ensancha el
    eco.
Pasos entremezclados con un ataque de tos
se acercan a la puerta, poco a poco, y se alejan luego.
Mañana toca visita,
jueves, día de visita –una sombra
en el pasillo, sol en las cestas
con fruta, una madre que se encara con el carcelero:
¿Por qué nos tiras el café en la hierba,
desgraciado? Llega sal en un soplo de mar
y mar en un soplo de sal. Mi celda se dilata
un centímetro cuando le grito a la paloma: ¡Vuela
a Alepo, oh paloma, ve con mi romanza
y lleva a mi primo este saludo!
Eco
del eco. El eco es una escalera mineral, transparente,
    un rocío
que alborotan los que ascienden a su propia aurora...
    los que
bajan a sus tumbas por las simas del espacio...
¡Llevadme con vosotros hasta mi lengua! Dije:

Lo que a la gente le sirve está en las palabras del poema
porque los tambores flotan como la espuma en la piel
del tambor.
Con el eco mi celda se agranda, como una azotea
con la ropa de la chica que en vano vino
a la ventanilla del tren a decirme: A mi padre
no le gustas, a mi madre sí; ojo con Sodoma mañana,
y no me esperes el jueves por la mañana, no
me gusta la espesura, porque oculta entre las ramas
movimientos esenciales, y a mí me deja un cuerpo
solitario que recuerda sus bosques… La habitación del
eco es
como este calabozo mío: una habitación para hablar
con uno mismo.
Mi celda soy yo sin nadie
que comparta conmigo el café de la mañana, sin un
sillón
que comparta conmigo la soledad por la tarde, sin una
tertulia
en la que compartir mi confusión y así tranquilizarme.
Seré como en las razias me quiera la caballería:
príncipe,
prisionero
o ruina.
Mi celda se ha dilatado una o dos galerías. Este eco
es apenas un eco que va y viene. Yo saldré de mi muro

como dueño de sí mismo vaga libre un espectro,
y me encaminaré a Alepo. Oh paloma, ve
con mi romanza, y lleva a mi primo
el saludo del rocío.

Una rima por las *mu'allaqas*

Nadie me ha guiado hasta ser el que soy. Yo soy la vía,
  la vía
que a mí conduce entre el mar y el desierto. De mi len-
  gua he nacido,
en la ruta de la India, entre dos ínfimas tribus subyu-
  gadas
por la luna de las viejas creencias y la paz imposible,
compelidas a vérselas con la astronomía del vecino
  persa
y las obsesiones de Bizancio, a fin de resistir a un tiem-
  po tan duro
para la jaima del árabe. ¿Quién soy? Es
la pregunta que se me hace, y no tiene respuesta. Soy
  mi lengua,
soy una… dos, diez *mu'allaqas*… Esa es mi lengua,
no soy sino mi lengua. Soy lo que dijeron las palabras:
Sé
nuestro cuerpo. Y encarné su voz. Soy lo que
dije a las palabras: Comulgad en mi cuerpo
con la eternidad del desierto. ¡Que vosotras seáis
para que yo sea tal y como proclamo!

No hay tierra sobre la Tierra que cargue conmigo sino
mi palabra,
pájaro de mi sangre que pone el nido de su vuelo
entre mis restos, entre las ruinas del mundo mágico que
me rodea,
en un viento que yo he detenido. Precisa me ha sido
una larga noche.
… Esta es mi lengua, un collar de estrellas en el cuello
de aquellos a quienes amo –aquellos que emigraron,
cogieron el espacio y emigraron,
cogieron el tiempo y emigraron,
cogieron el olor del barro
y del ralo forraje y emigraron,
cogieron las palabras y partió con ellos el corazón
asesinado. El eco, ese blanco espejismo sonoro, ¿con-
tendrá un nombre
cuya afonía exprese lo desconocido? Este eco
¿hallará en el viaje su expresión subliminal?
El cielo cuelga sobre mí una ventana para que me aso-
me: no
veo a nadie salvo a mí mismo…
Del otro lado se hallaba mi alma
como si estuviera conmigo, pero mi vista
no rebasaba el desierto:
de viento y de arena son mis pasos,
mi mundo es mi cuerpo y lo que tienen mis manos.

Soy el viajero y la senda.
Los dioses me han visitado y se han ido: no volveremos
    a hablar
de lo venidero. No hay otro mañana en
este desierto sino el ayer conocido:
blandiré mi *mu'allaqa* para quebrar el tiempo circular
y que nazcan ahora los evos propicios.
¡Tanto pasado deviene mañana!
Dejé mi alma a su albedrío, repleta de su presente,
y el viaje me ha ido despojando
de templos. El cielo tiene sus pueblos y sus guerras,
yo apenas por esposa a la gacela y a las palmeras,
mu'allaqas en el libro de arena. Pertenece al pasado
    cuanto veo:
el hombre posee el reino del polvo y su corona. Que mi
    lengua
impere sobre los evos adversos, y mi progenie
y yo mismo y mi padre, y un límite sin fin.
Esta es mi lengua y mi prodigio. Mi varita mágica.
Mis jardines de Babilonia y mi obelisco, mi identidad
    primera,
mi metal bruñido
y el sagrario en el desierto del árabe,
que adora la cadencia
de unos versos que resbalan como estrellas por su tú-
    nica,

y reverencia cuanto dice.

Pero este es un tiempo de prosa,
un tiempo de prosa divina para que venza el Profeta...

Testimonio de Bertolt Brecht
ante el tribunal militar
(1967)

Señor juez:
no soy un soldado,
¿qué quiere de mí?
No tengo nada que ver con lo que afirma el tribunal.
El pasado ha pasado aprisa...
sin prestarme oídos.
La guerra ha pasado camino del café para tomarse un
    respiro...
Sus pilotos han vuelto sanos y salvos
y el cielo se ha roto en mi lengua. Señor
juez –y esto sí que me atañe–,
sus guardias arramblan con mi cielo...
Se asoman a mi corazón y arrojan cáscaras de plátano
al pozo. Pasan corriendo ante mis narices
y me dicen: Buenas tardes –aunque no siempre–
y se meten en el patio de mi casa... como si nada.
Se duermen sobre la nube de mi sueño... como si tal
    cosa.
Dicen mis palabras

en mi nombre
a mi ventana, al verano que rezuma perfume de jazmín,
y retoman mi sueño
en mi nombre.
Lloran con mis ojos mis viejos salmos de la nostalgia
y cantan como yo canté al olivo y a la higuera,
a la parte y al todo con una lógica secreta.
Viven mi vida como les place,
en mi nombre,
y se pasean llevando en ristre mi apellido...
Y yo, señoría, aquí estoy,
en la sala del pasado, cautivo
de una guerra pasada. Sus oficiales han vuelto sanos y
    salvos
y las vides han proliferado en mi lengua. Señor
juez –y esto sí que me atañe–, aunque
la celda me asfixiaba, la tierra entera me dio aire.
Pero sus guardias fisgonean furiosos mis palabras
y chillan a Ajab y a Jezabel: ¡En pie, heredad
la preciada viña de Nabot!
Dicen: ¡Dios nos pertenece
y la tierra de Dios
a nadie más pertenece!
¿Qué le pide, señoría,
a un pasajero del montón?
En un país donde el combate exige

de sus víctimas ¡una elegía a los galones!
Me ha llegado el momento de gritar
y librar a mi voz de la máscara de la palabra:
esto es una celda, señoría, no un tribunal,
y yo juzgo y testimonio. Es a usted a quien se acusa
    ahora,
deje su asiento y márchese: es usted libre, libre,
señor juez prisionero.
Sus pilotos han vuelto sanos y salvos
y el cielo se ha roto en mi lengua primera
–y esto sí que me atañe– para que regresen
nuestros muertos –sanos y salvos.

El gorrión, tal cual

Paradojas de la rutina: este crepúsculo que se derrama
tras el cristal iluminado me ayuda
a mitigarla. No he soñado mucho contigo,
gorrión. Hace tiempo que un ala no sueña con la otra...
Los dos estamos inquietos.

Posees lo que yo no tengo: el azul por hembra
y un remolino de viento por morada.
Vuela tan alto como la sed de espíritu
que me da el espíritu; aplaude a los días, que tejen
tus plumas; renuncia a mí si así lo deseas,
pues mi casa, como mi palabra, es exigua.

Es un huésped siempre alegre que frecuenta el tejado
y el tiesto de albahaca apoyado, como la abuela, en
la ventana... Sabe dónde hay pan, agua,
y dónde está el cepo de los ratones...
Agita las alas como se agita el chal de una mujer que se
    nos escabulle.
Y emprende el vuelo, azul...

Impulsiva como yo es esta celebración impulsiva.
Él araña el corazón y lo arroja a la paja.
¿Durará lo que el simple temblor de un día
en bandeja de plata?
A mi correo le faltan distracciones:
vendrás, oh gorrión, por mucho que
la tierra encoja y se desborde el horizonte.

¿Qué aprenderán tus alas de mí?
Estírate, y evapórate como un día cualquiera.
Las plumas necesitan un grano de trigo
para ser libres. ¿Qué aprenderán de ti
mis espejos? Mi estro necesita
un firmamento para que el absoluto lo vea.

Tú eres libre y yo soy libre. Nos anhelamos
mutuamente. Pósate para que yo me eleve. Elévate
para que yo me pose. ¡Oh gorrión! Regálame la cam-
    pana
de la luz, y yo te ofreceré una casa habitada por el
    ahora.
Y así cada uno se completará en el otro,
entre cielo y cielo,
al separarnos.

Muhammad

Muhammad,
acurrucado en brazos de su padre, es un pájaro teme-
    roso
del infierno del cielo: Papá, protégeme,
que salgo volando y mis alas son
demasiado pequeñas para el viento… y está oscuro.

Muhammad
quiere volver a casa, no tiene
bicicleta, tampoco una camisa nueva.
Quiere irse a su pupitre,
al cuaderno de conjugación y gramática: Llévame
a casa, papá, que quiero preparar la lección
y cumplir años uno a uno…
en la playa, bajo las palmeras…
Nada más, nada más.

Muhammad
se enfrenta a un ejército, sin piedras ni
meteoritos, no sabe de muros para escribir: «Mi li-
    bertad

no morirá» –aún no tiene libertad
que defender, ni un horizonte para la paloma
de Picasso. Nace eternamente el niño
con su nombre maldito.
¿Cuántas veces renacerá, criatura
sin país… sin tiempo para ser niño?
¿Dónde soñará si se queda dormido…
si la tierra es llaga… y templo?

Muhammad
ve su muerte viniendo ineluctable, pero
se acuerda de una pantera que vio en la tele,
una gran pantera con una cría de gacela acorralada,
    mas
al oler de cerca la leche
no la devora,
como si la leche amansara a la fiera de la estepa.
«Entonces –dice el chico– me voy a salvar».
Y se echa a llorar: «Mi vida está allí, un escondrijo
en la alacena de mi madre. Me voy a salvar… Lo juro».

Muhammad,
ángel pobre al alcance del
fusil de un cazador de sangre fría. Una
hora la cámara acecha los movimientos del niño,
que se funde con su sombra.

Su rostro, como la mañana, está claro,
claro su corazón como una manzana,
claros sus diez dedos como cirios,
claro el rocío en sus pantalones.
Su cazador debería habérselo pensado
dos veces: «Le voy a dejar hasta que sepa deletrear
esa Palestina suya sin equivocarse…
Me lo guardo en prenda
y ya le mataré, más adelante, ¡cuando se revuelva!».

Muhammad,
un jesusito que duerme y sueña en
el corazón de un icono
fabricado de cobre,
de madera de olivo
y del espíritu renovado de un pueblo.

Muhammad,
hasta para las necesidades de los profetas
sobra sangre: Asciende ya
al séptimo cielo,
Muhammad.

Martes, despejado

Martes, despejado. Voy
por una calle lateral techada de
castaños… Voy ligero ligero, igual que si me hubiera
evaporado de mi cuerpo, o tuviera una cita
con un poema. Miro distraído
el reloj. Hojeo las nubes, páginas lejanas,
registro celeste de elevados pensamientos,
y a la vista de los nogales reviso cómo está mi corazón:
    no tiene
electricidad, como una cabaña a orillas
del mar. Aprieto el paso, aflojo, acelero.
Voy mirando los anuncios
de las aceras… pero no retengo
qué dicen. Canturreo
algo lento, como hacen los parados:
«El río como el potro corre hacia su tumba,
el mar como el pájaro se alimenta del río».
Me digo, susurrando: ¡Goza ahora
de tu mañana! Por más que vivas no has de ver
el mañana… el mañana no tiene tierra. Sueña
despacio, si sueñas sabrás que

la mariposa no se inmola
para alumbrarte /

Camino ligero ligero. Miro a mi alrededor
buscando un parecido entre mi ánimo
y estos sauces de aquí, pero no veo nada
que me concierna.

> (¡Amigo mío! Si no canta
> el canario para ti... sabe
> que eres tu propio carcelero,
> si no canta el canario).

Ninguna tierra es tan angosta como una maceta,
o tu propia tierra... Ninguna tierra es tan ancha
como el Libro, o tu propia tierra... Lo que ves
es tu exilio en un mundo que a una sombra no da
identidad ni arraigo /

Caminas
como si fueras otro /

Si en el camino yo pudiera hablarle
a alguien, le diría: Mi especificidad
no me distingue, no tiene nombre,
es lo que en la muerte no es sueño, solo eso /

Si en el camino yo pudiera hablarle
a una mujer, le diría: Mi especificidad
no llama la atención: son algunas arterias de las piernas
obstruidas, solo eso, así que camina despacio
conmigo, como caminan las nubes,
«sin prisa… sin pausa…».

Si tras las dalias yo pudiera hablarle
al espectro de la muerte, le diría: Nacimos
gemelos, tú eres mi hermano, mi asesino,
el autor de mi ruta en esta tierra…
mi madre y la tuya, así pues
depón las armas /

Si después de comer yo le pudiera hablar
al amor, le diría: Cuando jóvenes, éramos
dos manos jadeantes despeluchando las palabras,
éramos las palabras desmayadas
en las rodillas. Eras de pocas prendas, muy
inquieto. O dicho claramente: por rostro, la cara
de un ángel que se despereza; el cuerpo,
un carnero de fuerza febril. Te llamabas
como eras, «Amor», los dos nos desvanecíamos,
la noche se desvanecía.

Camino ligero, envejezco
diez, veinte, sesenta minutos… Camino, y en
mí se apaga lenta la vida, como una tos ligera.
Pienso: ¿Y si fuera más despacio, si
me parara? ¿Se detendría el tiempo?
¿Se contrariaría la muerte? Me burlo de mis pensa-
    mientos
y le pregunto a mi alma: ¿Adónde te encaminas, tan
campante como un avestruz? Camino
como si de aquí a poco la vida fuera
a corregir sus faltas. Sin volver
la vista atrás, porque no podría
volver a nada,
ni aniquilarme.

Si yo pudiera hablarle al Señor, le diría:
¡Dios mío, Dios mío! ¿Por qué
me has abandonado?
No soy sino la sombra de tu sombra en la tierra.
Cómo has dejado que me enrede
en una pregunta con trampa: ¿Por qué has creado los
    mosquitos,
Dios mío, Dios mío?

Camino sin cita, libre de
las promesas de mi mañana. Recuerdo que he olvidado
y olvido como recuerdo:

Olvido al cuervo en la rama de un olivo,
recuerdo una mancha de aceite en la ropa.

Olvido a la gacela que llama a su macho,
recuerdo la hilera de hormigas en la arena.

Olvido mi dolor por una estrella que se me cae de la
    mano,
recuerdo la piel de los zorros.

Olvido el viejo camino a nuestra casa,
recuerdo un sentimiento como una mandarina.

Olvido las palabras que he dicho,
recuerdo lo que aún no he dicho.

Olvido las historias de mi abuelo y un sable en la
    pared,
recuerdo mi miedo a dormir.

Olvido la boca llena de uvas de una chica,
recuerdo el olor de los dedos a lechuga.

Olvido las casas que han registrado mi biografía,
recuerdo mi número de identidad.

Olvido grandes acontecimientos y un terrible temblor
    de tierra,
recuerdo el tabaco de mi padre en la alacena.

Olvido las rutas que llevan a una nada imperfecta,
recuerdo el brillo de los astros en el atlas de los be-
    duinos.

Olvido el silbido de las balas en una aldea desierta,
recuerdo el canto de los grillos en el monte.

Olvido como recuerdo, o recuerdo que he olvidado.

(Pero
me acuerdo
de este día,
martes,
despejado).

Camino sin rumbo.
Acaso mis pasos me lleven
a un asiento libre en el parque, o
me lleven a una idea sobre la verdad extraviada

65

entre lo bello y lo real. Me sentaré solo,
como si tuviera una cita con una mujer
imaginaria. Imaginaré
que espero mucho tiempo
y que harto de esperar estallo:
¿Por qué te has retrasado? Ella me miente: Había
atasco en el puente, calma. Y yo me calmaré
mientras juguetea con mi pelo. Sentiré que
el parque es nuestra habitación
y las sombras, cortinas.

> (¡Amigo mío! Si no canta
> el canario para ti... sabe
> que has dormido en exceso,
> si no canta el canario).

Ella me pregunta: ¿Qué has dicho?
Le digo: Que para mí no ha cantado el canario.
¿Te acuerdas de mí, extranjera?
¿Me parezco
al poeta bucólico de antaño, coronado
de estrellas, rey de la noche, que
abdicó cuando le enviaron a pastorear
las nubes? Dice: ¿Es que el hoy se parece al ayer?,
como tú a ti...

(En el banco de madera de enfrente,
una chica
rota de esperar
llora,
bebe un zumo…
Desempolva mi pequeño corazón de cristal,
me libra de los sentimientos del día).

Le pregunto: ¿Cómo es que has venido?
Dice: De casualidad. Caminaba sin rumbo.
Dije: Yo caminaba como si tuviera una cita…
Quizá mis pasos me lleven a un asiento libre
en el parque, o me lleven a una idea
sobre la verdad extraviada entre lo imaginario y lo
    real.
Dice: Y tú, extranjero, ¿también
te acuerdas de mí? ¿Me parezco
a la mujer de ayer, a aquella muchacha,
la de las trenzas y las cancioncillas
sobre nuestro amor tras un largo dormir?
Digo: Como tú a ti…

(Ahora un chico cruza
la puerta del parque,
lleva veinticinco azucenas

para la chica que le aguardaba
y me libra del ímpetu juvenil de este día).

Pequeño es el corazón... mi corazón,
grande es el amor... mi amor,
viaja en el viento, se posa,
desgrana una granada, se adentra
en el laberinto de dos ojos almendrados
y remonta desde el alba de los hoyuelos de sus
    mejillas,
olvidando el camino de vuelta a casa y a su
    nombre.
Pequeño es el corazón... mi corazón,
grande es el amor...

Aquel que fui, ¿era él?
O aquel que no he sido ¿era yo?

Ella dice: ¿Por qué las nubes raspan la copa de los ár-
    boles?
Digo: Para que llovizne y se pegue muslo con muslo.

Dice: ¿Por qué me mira fijamente una gata asustada?
Digo: Para que pares la tormenta.

Dice: ¿Por qué el extranjero añora su ayer?

Digo: Porque entonces la poesía confiaba en sí misma.

Dice: ¿Por qué el cielo se pone gris al atardecer?
Digo: Porque tú no has cambiado el agua del jarrón.

Dice: ¿Por qué exageras la ironía?
Digo: Por que de vez en cuando la canción coma un poco de pan.

Dice: ¿Por qué amamos, si vamos por caminos desiertos?
Digo: Por vencer a una muerte excesiva con una muerte menor
y escapar del abismo.

Dice: ¿Por qué he soñado que veía una golondrina en mi mano?
Digo: Porque necesitas a alguien.

Dice: ¿Por qué me recuerdas un mañana que no veo contigo?
Digo: Porque eres atributo de la eternidad.

Dice: Te irás solo hacia el túnel de la noche detrás de mí.
Digo: Me iré detrás de ti hacia el túnel de la noche solo.

... Camino, y peso, peso, como si me hubiese citado
con parte de lo que perdí. Camino, y en mí un poeta
se dispone al descanso eterno en la noche de Londres.
¡Compañero en el camino de Damasco! Aún no hemos
    alcanzado
Damasco, despacio, despacio, que el jazmín
no pierda su retoño, no me pongas a prueba con una
    elegía:
¿he de llevar el fardo del poema
por ti y por mí?

Poema de los que no aman los poemas con
    niebla
su poema,
abrigo de nubes sobre la iglesia
su abrigo,
secreto de dos corazones que buscan cobijo en
    el Barada
su secreto,
palmera de la sumeria, madre de los himnos,
su palmera,
llaves de Córdoba al sur de la niebla
sus llaves.
No rubrica sus versos,
pues una chica lo reconoce
cuando siente en la sangre

picotazos de sal y de alfileres.
A él, como a mí, le ha cazado su corazón,
y yo, como él, no rubrico mi testamento:
el viento conoce la nueva dirección de los míos,
al pie de un precipicio, al sur de la lejanía.
Adiós, amigo, adiós, y saluda a Damasco /

Ya no soy joven para llevar a
hombros las palabras, no soy
joven para acabar este poema /

Maduro, me adentro en la noche
con la *dad* –mi distintivo lingüístico–,
y en la *dad* con la noche, espoleando
a un viejo caballo para que vuele a la torre
Eiffel. ¡Oh lengua mía! Ayúdame, que yo sepa citar
y abrace el universo.
Hay en mí una ventana
por la que nadie pasa a saludar.
Hay fuera de mí un mundo
que no devuelve el saludo. ¡Lengua mía! ¿Habré de
    ser yo
lo que tú seas? ¿O tú –lengua mía–
lo que yo sea? Oh lengua, iníciame en
la cópula nupcial entre las letras
y los miembros de mi cuerpo –que sea yo señor, no eco.

71

Cúbreme con tu lana, lengua mía, ayúdame
con lo desemejante para que alcance
lo semejante. Hazme nacer
y nacerás de mí. Seré a veces tu hijo,
a veces tu padre y tu madre.
Si tú eres, yo soy, y si yo
soy, tú eres. Llama a los nuevos tiempos por sus nom-
    bres
extranjeros, oh lengua mía, acoge al forastero
que viene de lejos
y a la prosa sencilla de la vida
para que madure mi poesía.
Pero ¿quién –si me expreso en lo que no es
Poesía– me entenderá? ¿Quién me hablará
de una oculta nostalgia por un tiempo perdido si
me expreso en lo que no es poesía? ¿Y quién –si
me expreso en lo que no es poesía– conocerá
la tierra del forastero?

La noche languidece, la noche se consuma. En el seto
del parque despierta una flor, respira.

Digo: Daré fe de que sigo vivo,
aunque sea lejos. Que he soñado con que
el que soñaba, como yo, era yo, no otro…
que mi día, este martes, era largo y acogedor,

y mi noche tan breve como un bis
en el teatro, cuando el telón ya ha caído. Pero
a nadie haré mal
si añado: Era un día precioso,
como una historia de amor verdadera en un tren veloz.

(¡Amigo mío! Si no canta
el canario,
no es culpa de otro.
Si para ti, amigo mío,
no canta el canario,
canta tú, canta para él).

Niebla densa en el puente

Me dijo el compañero –era densa la niebla
en el puente:
¿Se conoce una cosa por su contrario?
Dije: Al alba se aclara todo.
Dijo: Ningún momento es más
equívoco que el alba,
guarda tus fantasías para el río. /
Con el azul del alba se ejecuta en
el patio de la cárcel, o junto a un pinar,
a un joven que creía en la victoria.
Con el azul del alba el olor a pan dibuja
el mapa de la vida de un verano primaveral.
Con el azul del alba se despiertan ligeros
los soñadores y caminan alegres
sobre las aguas de sus sueños.
¿Adónde nos conduce el alba, el alba
puente, adónde? /
Me dijo el compañero: No quiero un lugar
que me sirva de tumba, quiero un lugar para vivir,
y maldecirlo si quiero.
Le dije –pues el lugar pasaba como haciéndonos

74

señas–: ¿Qué es el lugar?
Me dijo: Que los sentidos hallen un espacio
para la intuición,
y suspiró después:

Oh calle estrecha que me llevaba
en la tarde ancha a su casa
en las afueras del sosiego,
¿aún te sabes de memoria
mi corazón y te olvidas
del humo de la ciudad?

Le dije: No apuestes por lo real,
no hallarás algo vivo, semejante a su imagen,
aguardándote…
Hasta a las montañas las amansa el tiempo,
más altas o más bajas de como tú las conocías.
¿Adónde nos lleva este puente?
Dijo: Y el camino, ¿ha sido
largo hasta el puente?
Dije: Y la niebla, ¿ha sido
densa en el transcurso del alba?
¿Cuántos años has pasado pareciéndote a mí?
Dijo: ¿Y tú cuántos años has sido yo mismo?
Dije: Ni me acuerdo.

Dijo: Ni yo me acuerdo de si me acordaba,
solo del camino.

Y cantó:
(En el puente, en otro país,
el saxofón anuncia el final del invierno.
En el puente los forasteros confiesan
sus yerros cuando nadie
comparte su canto).

Le dije: ¿Cuántos años hace que espoleamos
a la paloma: Vuela al azufaifo del confín,
bajo nuestras ventanas, paloma, vuela, vuela?
Dijo: Es como si hubiera perdido los sentidos.
Y añadió: De aquí a poco, imitaremos nuestras voces
de niños. Y hasta balbuciremos.
Dormitaremos como una pareja de palomas en una vid
    vestida
de casa. De aquí a poco, la vida se nos mostrará
evidente. Las montañas, como son, más allá
de su imagen en mi memoria. El cielo antiguo,
de color y de espíritu límpidos si no me
traiciona la imaginación, seguirá tal cual era
su imagen en mi memoria, y el aire
fresco, espléndido, seguirá tal
cual aguardándome... tal cual.

76

Dije: Compañero, el camino, tan largo, ha
agotado mi cuerpo. No lo siento de barro.
No lo siento en absoluto. En cuanto echo a andar,
    vuelo.
Mis pasos son visiones. Y él, mi yo,
hace señas de lejos:

> *«Si larga*
> *es esa ruta tuya,*
> *me daré a mi quehacer en las leyendas».*

Manos divinas nos han enseñado a grabar nuestros
    nombres
en los índices de un sauce. No éramos claros
ni abstrusos. Pero nuestra forma de
cruzar las calles de un tiempo a otro
provocaba inquietud: ¿Quiénes son esos
que en silencio se paran
al ver una palmera y adorantes
se prosternan a su sombra?
¿Quiénes son esos que molestan
a los demás
cuando se ríen?

En el puente, en otro país, me dijo:
Se conoce al forastero

por la mirada fugaz que dedica al agua
o por su introversión y andares balbucientes.
Los hijos del país se dirigen a su objetivo
con paso firme. El forastero da vueltas sobre
sí mismo, confuso.

Me dijo: Todo puente es un encuentro…
En el puente yo accedo a mi exterior, confío
mi corazón
a una abeja o una golondrina.
Dije: No exactamente. En el puente penetro
en mi interior, y me ejercito
en fijarme en mí mismo. Todo puente es esquizofrenia,
tú no eres como eras hace nada,
y las criaturas no son
los recuerdos.

> Soy dos en uno solo
> o soy
> uno escindido en dos.
> Oh puente puente
> ¿cuál de las dos partes soy yo?

Caminamos por el puente veinte años.
Caminamos por el puente veinte metros
yendo y viniendo.

Dije: Ya queda poco.
Dijo: Ya queda poco.
Y dijimos, juntos y por separado, soñadoramente:

—Caminaré ligero, mis pasos en el viento,
arco que cosquillea la tierra del violín.
Escucharé mi pulso en la grava
y en las arterias del lugar.

—Apoyaré la cabeza en el tronco de un algarrobo,
es mi madre, por más que reniegue de mí.
Echaré un sueño, y dos pajarillos me llevarán
más y más alto… hacia una estrella que me ha desahu-
    ciado.

—Despertaré mi alma a un dolor del pasado
procedente, como una carta, del vano de la memoria.
Gritaré: Sigo vivo, porque
siento la flecha que me abrasa el costado.

—Miraré a la derecha, del lado del jazmín,
allí aprendí la primera canción de la carne.
Miraré a la izquierda, del lado del mar,
allí aprendí a pescar la espuma.

—Mentiré como el adolescente: Esta leche en mis panta-
    lones
es nata de un sueño
que ha venido a por mí… y lo ha conseguido.
Negaré imitar la larga siesta de un poeta
yahilí entre ojos de antílopes.

—Beberé con las manos agua de la fuente
del parque, sediento como ansiosa de sí el agua.
Preguntaré al primero que cruce por aquí: ¿Has visto
a alguien espectral, como yo, a la busca
de su ayer?

—Me echaré la casa a la espalda… Caminaré
con paso de tortuga.
Cazaré un águila con una escoba y preguntaré:
¿Qué pecado hay en ello?

—Buscaré en la mitología, en la arqueología
y en todas las -ías mi nombre antiguo.
Me adoptará una diosa de Canaán y
jurará por el rayo: Este es mi hijo huérfano.

—Alabaré a la mujer que engendra
una niña probeta
que en nada se le parece.

Lloraré por el hombre que murió al darse cuenta.

—Tomaré un verso de al-Maarri
y lo enmendaré:
Mi cuerpo es un sayal de polvo, ¡oh sastre
del universo, cóseme!
Escribiré: Oh creador de la muerte, ¡déjame
un rato… en paz!

—Despertaré a mis muertos: Somos iguales, oh
durmientes, ¿o es que ya no soñáis como nosotros
con el día de la resurrección?
Reuniré los poemas de amor cordobeses que el viento
desperdigó y completaré El collar de la paloma.

—Elegiré entre mis recuerdos más íntimos
la descripción idónea: el olor de las sábanas revueltas
tras la cópula es como
el olor de la paja tras la lluvia.
Verdecerá la cara de las piedras
y yo lo veré.

—Me pincharán las rosas de marzo, en ellas nací
por vez primera.
La flor del granado me engendrará y naceré de ella
¡por última vez!

81

–Me alejaré del ayer devolviéndole
su legado: la memoria.
Me acercaré al mañana persiguiendo a una pícara
alondra.

–Aprenderé que he llegado tarde a mi cita
y sabré que mi mañana
ha pasado, que la nube ha pasado hace poco
y no me aguarda.
Aprenderé que dentro de poco el cielo lloverá
sobre mí
y que
voy por el puente /

¿Pisamos ya la tierra de las historias? Quizá
no sea como imaginábamos «ni miel
ni hojuelas», el cielo es gris,
y el alba sigue siendo de un azul ambiguo. ¿Qué
es el tiempo ahora? Un puente que se estira
y se encoge... Un alba que se alarga y enrojece. ¿Qué
es el tiempo ahora? /

Viejas tierras adormecidas
detrás de castillos turísticos.
El tiempo se fuga en una estrella
que abrasa al jinete sentimental. Vosotros,

durmientes en la aguja de los recuerdos, ¿no
sentís en la pezuña de la gacela el retumbar de los seís-
    mos?

Le dije: ¿Tienes fiebre?
Pero siguió con su pesadilla: Durmientes, ¿no
oís el susurro de la resurrección
en un grano de arena?
Le dije: ¿Me hablas a mí? ¿O te hablas
a ti mismo?
Dijo: He llegado al final del sueño…
Me he visto viejo,
he visto a mi corazón persiguiendo a mi perro
a ladridos… he visto a mi habitación
carcajearse: ¿Que estás vivo? ¡Ven
que lleve por ti el viento y tu bastón
incrustado de nácar magrebí! ¿Cómo volver
a empezar, compañero? ¿Quién soy?
¿Quién soy sin sueño
ni compañera?

Y dije: Visitemos los restos de la vida, de la vida
como es, acostumbrémonos a amar las cosas
que tenemos, y a amar las que no
tenemos y tendremos si juntos las miramos desde
lo alto, como cae la nieve en las montañas.

Puede que las montañas permanezcan tal cual,
que los campos permanezcan tal cual,
que la vida sea evidente y campo abierto,
¿nos adentramos ahora en la tierra de las historias,
compañero?
Me dijo: No quiero un lugar que me sirva de tumba,
quiero un lugar para vivir, y maldecirlo si quiero...

Señaló el puente: Ahí está la puerta.
La puerta de la verdad. No podemos entrar ni
salir,
una cosa no se conoce por su contrario.
Las pasarelas están cerradas,
el cielo tiene la cara gris, chupada,
y la mano del alba alza, alza...
los zaragüelles de una soldado.

Vivimos en el puente veinte años,
comimos de lata veinte años,
las estaciones fueron nuestro traje,
escuchamos canciones nuevas,
bien hechas,
provenientes de los cuarteles.
Nuestros hijos se han casado con princesas del exilio
que les han cambiado el nombre
y nosotros hemos dejado nuestros destinos a

los aficionados al cine de perdedores.
Hemos leído nuestras huellas en la arena.
No hemos sido claros ni abstrusos,
a imagen de un amanecer que bosteza sin pausa.

Dije: ¿Te sigue hiriendo la herida,
compañero?
Me dijo: Ya no siento nada,
mi pensamiento ha mudado mi cuerpo en un cuaderno
    de ejercicios,
nada prueba que yo sea yo
salvo una muerte auténtica en el puente.
Diviso una rosa a lo lejos
y se encienden los rescoldos.
Diviso la tierra natal, más allá de la lejanía,
y la tumba se ensancha.

Dije: Tranquilo, no te vayas a morir ahora. La vida
sobre el puente es posible: hay un vasto horizonte para
    la metáfora,
un *barzaj* entre un mundo y otro,
entre un exilio y una tierra vecina...
Me dijo –los halcones volaban sobre nuestras cabezas:
Toma mi nombre por camarada, háblale de mí
y vive hasta que el puente te devuelva
vivo mañana.

85

No digas: Murió o vivió
al borde de la vida ¡en vano!
Di: Se asomó a sí mismo desde lo alto,
se vio vestido de árbol y se contentó
con saludar:

> *Porque el camino es largo,*
> *me daré a mi quehacer en las leyendas /*

Yo estaba solo en el puente, aquel
día, después de que el Mesías se hubiera retirado
a un monte junto a Jericó… antes de la Resurrección.
Iba y no podía entrar, ni podía
salir… Me volteaba igual que un girasol.
Y por la noche, la voz de la vigía de noche
me despertaba
cantándole a su compañero:

> *¡No me prometas nada,*
> *no me regales*
> *una rosa de Jericó!*

Contrapunto

A Edward Said

Nueva York / Noviembre / Quinta Avenida /
El sol es un platillo volante metálico /
A la sombra, he preguntado a mi alma extranjera:
¿Es esto Babel o Sodoma?

Allí, en el umbral de un abismo eléctrico
alto como el cielo, me encontré con Edward
hace treinta años,
en un tiempo menos terco que este.
Nos dijimos:
Si tu pasado te sirve de experiencia,
¡dale al mañana sentido y visión!
Venga,
vayamos hacia el mañana con fe
en la sinceridad de la imaginación y en el milagro de la
    hierba /

No recuerdo si fuimos al cine
aquella tarde. Sí que oí a unos indios

antiguos que me gritaban:
No os fieis del caballo ni de la modernidad.

No, no hay víctima que pregunte al verdugo:
¿Yo soy tú? Si mi espada fuera
más grande que mi rosa, ¿me preguntarías
si haría lo que tú?

Una pregunta así llama la atención del novelista
en un despacho de cristal que da a
los lirios de un jardín... donde la mano
de la hipótesis es blanca como la conciencia
del novelista cuando ajusta cuentas
con la naturaleza humana: No hay mañana
en el ayer, ¡avancemos pues! /

Puede que el avance sea el puente de vuelta
a la barbarie... /

Nueva York. Edward se despierta con la pereza
del alba. Toca una melodía de Mozart. Va a correr
al campo de tenis de la Universidad. Reflexiona sobre
la emigración de las aves al margen de fronteras y ba-
rreras.
Hojea *The New York Times*. Redacta un artículo
tenso. Maldice a un orientalista que guía al general

hacia el punto débil del corazón de una oriental.
Se da una ducha. Elige un traje con la elegancia de un
    gallo.
Se toma su café con leche. Y grita
con la aurora: Vamos, no te entretengas /

Sobre el viento camina. Y en el viento
sabe quién es. No existe techo para el viento.
El viento no tiene casa. El viento es brújula
para el Norte del extranjero.

Dice: Soy de allí. Soy de aquí.
Y no estoy allí ni estoy aquí.
Tengo dos nombres que se encuentran y se separan.
Y tengo dos lenguas, pero he olvidado con cuál
sueño,
tengo la inglesa para escribir,
dócil el léxico,
y tengo otra con la que el cielo dialoga con
Jerusalén, de plata el acento, pero que
¡no se somete a mi imaginación!

¿Y la identidad?, dije.
Dijo: Autodefensa…
La identidad es hija del nacimiento, pero
al fin es creación de uno mismo, no

herencia de un pasado. Yo soy lo plural. En
mi interior está mi exterior renovado... Pero
pertenezco a la pregunta de la víctima. Si no
fuera de allí, habituaría a mi corazón
a criar allí a la gacela de la metonimia.
Lleva tu país donde vayas...
y sé narcisista si cuadra /

–Exilio es el mundo exterior
y exilio es el mundo interior.
¿Quién eres tú entre ambos?
–No me defino del todo
para no echarme a perder. Yo soy lo que soy
y soy el otro que es yo en una
dualidad que se mece entre el verbo y el signo.
Si escribiera poesía, diría:

> Soy dos en uno
> como las alas de la golondrina:
> cuando la primavera se retrasa
> me conformo con anunciarla.

Ama los países, pero se marcha de ellos.
(¿Queda lejos lo imposible?).
Ama emprender viaje a cualquier cosa:
en el viaje libre entre las culturas

acaso los que buscan la esencia humana hallen
sitio bastante para todos.
Aquí una periferia avanza. O un centro retrocede.
Ningún Oriente es completamente Oriente,
ningún Occidente es completamente Occidente,
la identidad está abierta a la pluralidad,
no es una fortaleza o un foso /

La metáfora dormía a la orilla del río:
sin polución,
habría abrazado la otra orilla.

–¿Has escrito la novela?
–Lo he intentado… He intentado recuperar
mi imagen en el espejo de mujeres lejanas,
pero ellas se adentraron en su noche inexpugnable
y dijeron: Tenemos un mundo independiente del texto,
jamás el hombre escribirá a la mujer, enigma y sueño,
jamás la mujer escribirá al hombre, símbolo y estrella,
ningún amor se parece a otro amor,
ninguna noche se parece a otra noche.
¡Deja que enumeremos las cualidades de los hombres y
    nos riamos!
–¿Y qué hiciste?
–¡Reírme de mi disparate
y tirar la novela a la basura!

/ *El intelectual refrena la narración del novelista*
y el filósofo diseca las rosas del cantor /

Ama los países, pero se marcha de ellos.
Soy lo que soy y lo que seré.
Me haré a mí mismo de mí mismo
y escogeré mi exilio.
Mi exilio es bastidor del escenario épico.
Defiendo que los poetas precisen
del mañana y de recuerdos a un tiempo,
defiendo a esos árboles que los pájaros visten
de país y de exilio,
y a la luna que aún vale para un poema de amor,
defiendo que a una idea la quiebre la fragilidad de sus
    deudos
y que a un país le rapten las leyendas.

–¿Podrías regresar a algo?
–Lo que tengo delante tira de lo que tengo detrás y se
    apresura…
en mi reloj no queda tiempo para trazar rayas
en la arena. Pero puedo visitar el ayer,
como hacen los extranjeros,
cuando al ocaso escuchan
al poeta bucólico:

(A la fuente va una muchacha a llenar su cántaro
de leche de nubes,
llora y ríe por una abeja
que le ha picado el corazón con el aguijón de la
ausencia.
¿Es el amor lo que le duele al agua
o enfermedad en la niebla?
            Y así hasta el final de la canción)*.

—Entonces, ¿te podría aquejar el mal de la nostalgia?
—Nostalgia del mañana... y de más lejos, más alto
y más lejos. Mi sueño guía mis pasos. Y lo que veo
sienta a mi sueño en mis rodillas como un gato casero.
Es un realista utópico, hijo de la voluntad:

  ¡En nosotros está
  cambiar
  la fatalidad del abismo!

—¿Y la nostalgia del ayer?
—Un sentimiento ajeno al intelectual, salvo
para entender la atracción del forastero por los útiles
    de la ausencia.
En cuanto a mí, la nostalgia es luchar por un presente
que tiene al mañana cogido por los testículos.

93

—¿No te adentraste en el ayer cuando fuiste
a casa, tu casa, en el barrio de al-Talibiya?
—Me dispuse a meterme en
la cama de mi madre, como hace el niño cuando tiene
    miedo
del padre. Intenté revivir mi propio
nacimiento, seguir el reguero de la leche
en la azotea de mi vieja casa, palpar
la piel de la ausencia y sentir el olor a verano
del jazmín del jardín. Mas la fiera realidad
me alejó de una nostalgia que vuelve la cabeza como
    un ladrón.
—¿Tuviste miedo? ¿De qué tuviste miedo?
—No puedo encontrarme con lo perdido cara
a cara. Me quedé parado a la puerta como un mendigo.
¿Pedir permiso a los forasteros que duermen en
mi propia cama… para visitarme a mí mismo cinco mi-
    nutos?
¿Inclinarme respetuosamente ante los que ocupan mi
    sueño de la infancia?
Preguntarán: ¿Quién es este turista
tan indiscreto? ¿Podré hablar de
la paz y de la guerra entre las víctimas y las víctimas
de las víctimas, sin digresiones además? ¿Me
dirán que no hay sitio para dos sueños en
una única alcoba?

(Ni yo ni él,
pero él es un lector que se interroga
sobre lo que nos dice la poesía en tiempos de
       desastre).

Sangre
       sangre
              y sangre
                     en tu país

en mi nombre y en tu nombre, en la flor
del almendro, la cáscara del plátano, la leche
del niño, la luz y la sombra, en
un grano de trigo, en el salero /
Hábiles francotiradores aciertan en sus blancos
impunemente
       sangre
              sangre
                     y sangre...

Esta tierra es más pequeña que la sangre de sus hijos
plantados como exvotos a las puertas
de la resurrección. ¿De verdad esta tierra es
bendita o está bautizada
       con sangre
              sangre
                     y sangre

que no secan ni las oraciones ni la arena?
En las páginas del Libro Sagrado no hay justicia
bastante para dar la alegría a los caídos de que paseen
libremente por las nubes. Sangre de día.
Sangre en la oscuridad. Sangre en el verbo.

Dice: El poema acaso hospede lo perdido,
hilo de luz que brilla en el corazón de la guitarra,
o un mesías a caballo, exangüe de bellas
metáforas. Pues qué es lo bello sino la presencia
formal de lo auténtico /

En un mundo sin cielo, la tierra se muda
en abismo. Y el poema, en dádiva de la consolación
y atributo del viento, boreal o austral.
No describas las heridas que de ti ha captado la cámara.
Grita para oírte a ti mismo, grita para saber
que sigues vivo-vivo, y que es posible la vida
en esta tierra. Inventa una esperanza
para el verbo, crea un punto cardinal o un espejismo
que prolongue la ilusión,
y canta, pues lo bello es libertad /

Digo: La vida que solo se define
como antónimo de la muerte… no es vida.

Dice: Viviremos, incluso si la vida nos abandona
a nuestra suerte. Seamos esos señores de las palabras
que harán eternos a sus lectores —
como diría tu amigo el sin par Ritsos.

Y dijo: Si muero antes que tú,
¡te lego lo imposible!
Pregunté: ¿Queda lejos lo imposible?
Dijo: A una generación.
Pregunté: ¿Y si muero antes que tú?
Dijo: Consolaré a los montes de Galilea
y escribiré: «Lo bello no es sino dar con
lo apropiado». Pero no lo olvides:
si muero antes que tú, te lego lo imposible.

Cuando lo visité en la nueva Sodoma,
en el año dos mil dos, se
resistía a la guerra de Sodoma contra la gente de Babel
y al cáncer,
defendía, como el último héroe épico,
el derecho de Troya
a entrar en la novela /

Alta,
alta un águila se despide de su cumbre,

pues habitar el Olimpo
y las cumbres
acaba hartando.

¡Adiós,
adiós poesía del dolor!

III

Boulevard Saint-Germain

Me dice George Steiner: El poeta ha de ser huésped…
Yo le digo: ¡Y hospedero!

Las hojas secas, caídas de un árbol que se desnuda, son
palabras en busca de un poeta hábil que las devuelva a
las ramas.

Cada vez que el ritmo se esconde en la imagen, la músi-
ca se hace compañera de la idea.

Sentado con Peter Brook, los pájaros de Aristófanes y
de Farid al-Din al-Attar sobrevuelan nuestras cabezas
en un viaje compartido hacia los límites del significado.

¿Exilio? El visitante lo añora: es la excursión del pájaro
en un viaje en el que nadie pregunta: ¿Cómo te llamas?
¿Qué quieres?

En el autobús, miro la acera, y me veo sentado en la
parada ¡esperando el autobús!

Fingir una difícil neutralidad, en el poema y la novela, es el único delito moral que se perdona.

Romper el ritmo, de vez en cuando, es una necesidad rítmica.

Dejo el otro lado de mi vida donde quiere quedarse. Y sigo a lo que queda de mi vida en busca de su otro lado.

Mis sensaciones brincan ante mí, llevan paraguas y caminan bajo la lluvia. Mis sensaciones son cosa externa, como la lluvia.

El viento de otoño barre la calle y me enseña el arte de reducir. De reducir lo que se escribe.

En Madrid

Sol, llovizna, primavera tímida. Los árboles son altos y viejos en el jardín de la Residencia de Estudiantes. Las veredas, pavimentadas con piedrecillas, hacen que caminar se acerque más bien a un ejercicio burlesco de flamenco. Una luz temblorosa agujerea las sombras. Desde esta colina nos asomamos a Madrid, que se extiende abajo como un estanque verde. Mark Strand, el poeta americano-canadiense, y yo nos sentamos en unas sillas de madera a hacernos fotos con los estudiantes, y a firmar nuestros libros traducidos al español, a cual de los dos más dispuesto a ocultar la alegría del poeta ante un lector desconocido, inesperado... ante el viaje de la poesía que se escribió en una habitación cerrada hasta este jardín. Se me acercó una señora elegante y me dijo: Soy sobrina de Lorca. Le di dos besos para aspirar lo que de sus brazos quedara en ella. Y le pregunté: ¿Qué recuerda de él? Me respondió que había nacido después de que lo mataran. Le dije: ¿Sabe cuánto nos gusta? Y dijo: Todo el mundo dice lo mismo, es un orgullo para mí. Es un símbolo. El director de la Residencia me explicó que este es un lugar emblemático de Madrid. Quien no lee poesía aquí es un pelagatos. Aquí vivieron Lorca, Alberti, Juan Ramón Jiménez, Dalí. Al final del encuentro, me pidieron que le hiciera una pregunta a Mark Strand. Le pregunté: ¿Cuál es el límite preciso entre el verso y la prosa? Titubeó, como hacen los verdaderos poetas ante una definición difícil, y dijo, él que escribe verso libre: El ritmo, el ritmo. La poesía se distingue por el ritmo. Y cuando salimos al jardín a pasear por las veredas de piedrecillas, no hablamos mucho para no romper el ritmo de la noche sobre los altos árboles. No sé por qué me vino a la cabeza la aguda frase de Nietzsche: «La sabiduría es el conocimiento privado del canto».

En Córdoba

Las puertas de madera de Córdoba no me invitan a pasar y darle recuerdos damascenos a una fuente o un jazmín. Camino por los estrechos callejones un soleado y apacible día de primavera. Camino ligero, como si fuera huésped de mí mismo y de mis recuerdos, como si no fuera una pieza de museo sobre la que se vuelven los turistas. No le doy una palmada en la espalda a mi pasado con alegría incomparable, como un poema aplazado esperaría de mí. Ni me asusta la nostalgia desde que sobre ella cerré la maleta, sino que me da miedo el mañana que galopa ante mí con pasos eléctricos. Y cada vez que le importuno, me reprende: Ocúpate del presente. Pero hay demasiados poetas en Córdoba. Extranjeros y españoles. Hablan del pasado de los árabes y del futuro de la poesía. Y en un jardín, con pocos árboles y poca cosa en general, al ver una escultura de dos manos dedicada a Ibn Zaydún y Wallada, le pregunto a Derek Walcott, uno de mis poetas favoritos, si sabe algo de la poesía árabe, y no se disculpa cuando responde: No, nada en absoluto. Y aun así, pasamos juntos tres días sin parar de reír y bromear sobre la poesía y los poetas, a los que él describió como ladrones de metáforas... Me preguntó: ¿Cuántas metáforas has robado? Y no supe contestar. Rivalizamos tonteando con las cordobesas, y me preguntó: Si te gusta una mujer, ¿vas y le hablas? Le dije: Mi valor depende de su belleza... ¿Y tú? Dijo: A mí, si me gusta una mujer, es ella la que viene a mí. Le dije: Claro, tú eres ángel y demonio... lo que yo no sé ser. Y su tercera mujer se reía. En Córdoba, me paré ante un portalón de madera y busqué en el bolsillo las llaves de mi vieja casa, como hizo Nizar Qabbani. No se me escaparon las lágrimas, porque la nueva herida tapaba la cicatriz de la vieja. Pero Derek Walcott me cogió por sorpresa con una pregunta hiriente: ¿De quién es Jerusalén? ¿Vuestra o de ellos...?

El segundo verso

El primer verso es un regalo de lo invisible al talento. Pero el segundo puede ser poesía o decepción (Frost). El segundo verso es una lucha con lo desconocido. Es un camino sin indicadores, lleno de dudas, donde todo lo posible es posible. Es el asombro de la criatura que imita al creador. ¿Quién guía a quién: la palabra o el que la pronuncia? El segundo verso no es una dádiva, hay que fabricarlo a fuerza de trabajo en lo invisible, pues uno no sabe si ve o no ve, tan mezcladas están la luz y la sombra. La inspiración te da la señal de salida y te deja a solas, sin brújula, ante la aventura. Eres como el que se adentra en el bosque sin saber qué le espera: una emboscada, tiros, una tormenta, una mujer que le pregunta la hora. Y tú responses: «Pasa, el tiempo se ha parado» (Pessoa). Un bosque es lo posible. ¿En el tronco de qué árbol se apoyará tu imaginación y de qué ogro te escaparás? Si en el laberinto de lo posible das con el camino al segundo verso, se allanará el camino a una cita con lo imposible.

Una sola palabra

El susurro de la palabra en lo invisible es la música del significado, que se renueva en cada poema: quien lo lee, de tan secreto como es, cree haberlo escrito.

Una sola palabra, una única palabra, que brilla como un diamante o una luciérnaga en la noche de las especies, es lo que hace de la prosa poesía.

Una palabra corriente dicha atolondradamente en una esquina o en el mercado, es la que hace posible el poema.

Una frase desangelada, sin metro ni ritmo, puede, si un buen poeta le busca acomodo, ayudarle a fijar el ritmo, y le alumbra el camino del significado en la noche cerrada de las palabras.

La adicción del solitario

Escucho a Um Kulzum todas las noches, desde los tiempos en que era la joya sin igual de los jueves, y el resto de la semana abalorios de un collar único. Es la adicción del solitario. El despertar de lo lejano cuando relincha un caballo no habituado a llevar montura. Escuchamos a la reina en grupo o a solas, y nos mantiene hipnotizados de pie... hasta que nos indica que nos sentemos y nos sentamos en un metro de viento. Pasaje a pasaje, va descuartizándonos con una cuerda mágica que no precisa de laúd o violín... pues su garganta es un coro, una orquesta y un misterio divino. Es un cielo que nos visita fuera de la hora de la oración, y rezamos sometidos a su estado de gracia. Es tierra ligera como una mariposa, no sabemos si ausente o presente en una gota de luz o en la mano del amante que se agita al viento. Sus ahhhhh titilantes como un diamante hecho añicos pueden llevar a un ejército a la batalla... y una voz suya librarnos de la perdición. Sus susurros son capaces de ralentizar la noche, que no se apresura hasta que ella no abre la primera puerta del amanecer. Por eso no cierra los ojos cuando canta y la noche no se va a dormir. Es vino que embriaga y no se agota. Es la única y la sola, feliz en su reino nocturno… Su canto aleja el infortunio, hace que nos enamoremos de una nieta de los faraones y nos acerca la eternidad del instante, que ella graba en el muro de un templo en el que la nada cede a lo tangible. En nuestras noches, ella es de todos y de nadie. Su pañuelo, que lleva el ritmo, es la insignia de una legión de enamorados que compiten por el amor de una desconocida. Su corazón nos es impenetrable… cerrado y duro como una nuez.

Rutina

Bajas presiones. Viento del noroeste, chubascos intensos. Mar gris rizada. Cipreses altos. La operación Nubes de Otoño ha dejado treinta caídos al norte de Gaza, entre ellos dos mujeres que se manifestaban por un trozo de esperanza para las mujeres. Cielo despejado. Mar en calma, azul. Viento del norte. Buena visibilidad. Pero Nubes de Otoño –un sobrenombre del asesinato– ha dado cuenta de una familia de diecisiete vidas... los noticiarios buscan sus nombres bajo los escombros. Aparte de eso, la vida anormal parece rutinariamente normal. El demonio sigue alardeando de sus viejas diferencias con Dios. Las criaturas, si se despiertan con vida, siguen siendo capaces de decir: Buenos días. Y se van a su quehacer cotidiano: el funeral por los caídos. No saben si volverán sanos y salvos a las casas que quedan, cercadas por buldóceres, tanques y cipreses partidos. La vida es tan poca cosa que no parece sino el borrador de un deseo inconfesable: disfrutar de la seguridad de la cueva en igualdad de condiciones que el chacal. Pero además se nos exige una ardua tarea: que hagamos de intermediarios entre Dios y el demonio,

para que pacten una corta tregua que nos permita ente-
rrar a los nuestros.

Un águila que vuela bajo

En el poema el viajero le dijo
al viajero en el poema:
–¿Cuánto camino te queda?
–Todo.
–Pues ve, ve
como si hubieras llegado... y no hubieras llegado.
–De no ser por los puntos cardinales,
mi corazón habría sido una abubilla.
–De haber sido una abubilla, yo lo habría seguido.
–¿Quién eres? ¿Cómo te llamas?
–En mi viaje no tengo nombre.
–¿Volveremos a vernos?
–Sí. En la cima de dos montes, entre un
alto eco y un abismo... nos veremos.
–¿Y cómo franquearemos el abismo
si no somos pájaros?
–Probaremos cantando:
A quien nos ve, no le vemos.
Y a quien vemos, no nos ve.
–¿Y luego?
–Luego ya no cantaremos.

–¿Y luego?

–Luego yo te preguntaré y tú me preguntarás:

¿Cuánto camino te queda?

–Todo.

–¿Y eso le basta al viajero para llegar?

–No. Pero veo que sobre nosotros

vuela bajo… ¡un águila legendaria!

Tú, a partir de ahora, eres otro

¿Teníamos que caer desde lo más alto y mancharnos las manos con nuestra propia sangre... para darnos cuenta de que no somos ángeles, como creíamos?

¿Teníamos que enseñar al mundo nuestras vergüenzas, que nuestra verdad no quedara virgen?

Cómo mentíamos cuando dijimos: ¡Somos diferentes!

Fiarse de uno mismo es peor que mentir a los demás.

Ser afectuoso con quien nos odia y maltratar a quien nos ama: tales son la bajeza del arrogante y la altivez del miserable.

¡Oh pasado! No dejes que cambiemos aunque nos alejemos de ti.

¡Oh futuro! No nos preguntes: ¿Quiénes sois? ¿Qué queréis de mí? Porque nosotros tampoco lo sabemos.

¡Oh presente! Toléranos. No somos más que transeúntes incómodos.

La identidad es lo que legamos, no lo que se nos ha legado. Lo que inventamos, no nuestros recuerdos. La identidad es un espejo corrompido, hay que romperlo cada vez que nos gusta la imagen.

Se cubrió la cara, se envalentonó y mató a su madre... Porque era una presa fácil, porque una soldado le había parado y le había mostrado los pechos diciendo: ¿Los tiene así tu madre, hijo de puta?

Si no fuese porque Mahoma es el Sello de los Profetas, cada facción tendría el suyo y cada compañero del Profeta su propia milicia.

¡Qué oportuno el cuarenta aniversario de la Guerra de los Seis Días! Como no teníamos quien nos derrotara por segunda vez, nos hemos derrotado nosotros mismos, con nuestras propias manos... para no perder la costumbre.

Por mucho que me mires a los ojos, no hallarás mi mirada. Me la ha robado un escándalo.

Mi corazón no es mío... ni de nadie. Se ha independizado sin hacerse de piedra.

Quien grita «¡Dios es más grande!» sobre el cadáver de su víctima, su hermano, ¿sabe que es un infiel por ver a Dios a su imagen y semejanza: la de alguien más pequeño que cualquier otro ser humano?

117

El prisionero, deseoso de heredar la prisión, evitó ante las cámaras una sonrisa de triunfo. Pero no pudo reprimir la felicidad que irradiaban sus ojos. La acción superaba al actor.

¿Para qué narcisos... si somos palestinos?

Mientras no conozcamos la diferencia entre «mezquita» y «universidad», dos palabras que en árabe tienen la misma raíz, ¿para qué queremos un Estado... que tendría el mismo destino que los días?

Enorme cartel a la puerta de un club nocturno: «Bienvenidos los palestinos que regresan de la batalla. Entrada gratis. Nuestro vino no embriaga».

«No puedo defender mi derecho a trabajar de limpiabotas, mis clientes temerían, con razón, que no les devolviera los zapatos», me dijo un profesor universitario.

«El forastero y yo contra mi primo. Mi primo y yo contra mi hermano. Mi imam y yo contra mí». Esta es la primera lección de la nueva educación nacional, en la escuela de las tinieblas.

¿Quién entrará primero en el paraíso? ¿El que murió por las balas del enemigo o el que murió por las balas del hermano? Hay alfaquíes que dicen: «Tu enemigo puede haberlo parido tu madre».

Los ulemas vacilaron al verlos reposar en tumbas contiguas: ¿Son mártires de la libertad o víctimas que se han entrematado en el teatro del absurdo? Los ulemas vacilaron y concluyeron una única cosa: Solo Dios sabe.

¡El asesino es a la vez… el asesinado!

Me preguntaron: ¿Debería un guarda hambriento custodiar una casa cuyo propietario se va de vacaciones a la Riviera francesa… o a la italiana… qué más da? Dije: ¡Que no lo haga!

Me preguntaron: ¿Yo + yo = dos? Dije: Tú y tú sois menos que uno.

No me avergüenzo de mi identidad, pues aún se está escribiendo. Pero sí me avergüenzo de algunas cosas que vienen en la *Muqáddima* de Ibn Jaldún.

Tú, a partir de ahora, eres otro.

Tú, a partir de ahora, eres tú

El Carmelo, señorial, mira al mar desde lo alto. Y el mar suspira, ola a ola, como una mujer enamorada que le lava los pies a su orgulloso amado.

Como si no me hubiera ido lejos. Como si volviera de despedir a un amigo que se va de viaje y hallase a mi alma esperándome sentada en un poyete, bajo un manzano.

Todo lo que ha sido exilio pide disculpas, en mi nombre, a todo lo que no lo ha sido.

Aquí y ahora… entre bastidores, le vienen los dolores del parto a una virgen en la treintena, y nazco ¡a la vista de los decoradores y los cámaras!

Mucha agua ha corrido bajo el puente. Mucha hierba ha crecido en los muros. Pero el olvido emigró con las aves migratorias... al Norte, al Norte.

A veces, el tiempo y la historia se alían, y a veces se pelean por sus fronteras. El sauce gigante ni se inmuta. Sigue en pie junto a la carretera.

Camino ligero para que no se quiebre mi alegría. Camino pesadamente para no echar a volar. Y en ambos casos la tierra se cuida de que no le endose atributos que no le corresponden.

En lo más hondo de mí hay una música oculta que me da miedo que suene como un solo.

Los errores que he cometido me empujan, para corregirlos, a trabajar más en el proyecto de confiar en el futuro. Quien no se ha equivocado en el pasado no necesita de tal fe.

Montaña, mar, firmamento. Vuelo y nado como si fuera un pájaro anfibio. ¡Como si fuera poeta!

Toda prosa, aquí, es verso en bruto a falta de una mano diestra. Y todo verso, aquí, es prosa al alcance del que pasa.

Disimulando como puedo, escondo mis lágrimas a las cuerdas del laúd, que acecha mi último suspiro y tontea con las jóvenes.

Lo privado es público. Y lo público privado… Hasta nuevo aviso, están lejos del presente ¡y del sentido del poema!

¡Haifa! Qué razón tienen los forasteros en amarte y en disputárteme y en olvidar a tu lado sus países… pues eres ¡una paloma que hace su nido en el hocico de una gacela!

Aquí estoy. El resto es rumor o calumnia.

¡Ah el tiempo, sanador de los sentimentales... que muda la herida en cicatriz y la cicatriz en un grano de nada! Miro hacia atrás y me veo corriendo bajo la lluvia. Aquí y aquí y también aquí. ¿Fui feliz sin saberlo?

La distancia: ejercitar la vista en ver, bruñir el hierro con flautas lejanas.

La belleza de la naturaleza amansa a sus deudos y solo a ellos. El Carmelo es paz. El fusil, discordia.

Paseo sin rumbo. No busco nada. Ni siquiera me busco a mí mismo entre tanta luz.

Haifa de noche... Los sentidos marchan a sus ocupaciones secretas, abandonan a sus dueños, en vela en los balcones.

¡Oh intuición, que vences al metal y a la lógica!

Cuido a mis críticos. Y curo la herida de los que me envidian porque amo a mi país... con el algodón de una metáfora ambigua.

No me he tropezado con ningún general para preguntarle en qué año me asesinó, pero sí con soldados vomitando cerveza en las aceras, que aguardan el fin de la próxima guerra para ir a la universidad y estudiar la poesía árabe escrita por muertos que aún no han muerto: entre ellos yo mismo.

Me ha parecido como si mis viejos pasos por el Carmelo me condujeran al Parque de la Madre, como si al repetirlos volviera el eco de una canción romántica inacabada, siempre sedienta de renovar la pérdida.

No hay bruma. Un pino del Carmelo le hace señas a un cedro del Líbano: ¡Buenas tardes, hermano!

En mi corazón hay un paraje, despoblado, que da la bienvenida a los pequeños que buscan dónde levantar un campamento de verano.

Cojo una larga avenida que lleva a la tapia de mi vieja cárcel, y le digo: ¡Salud, mi maestra primera en la ciencia de la libertad! Tenías razón: la poesía no es inocente.

¿Quién dijo una vez que el dueño de las palabras es el dueño del lugar? No es vanidad ni broma. Es la manera que tiene el poeta de defender la utilidad de las palabras y el lugar del lugar en una lengua en movimiento.

Los árboles, en verano, exhalan un perfume erótico. Aquí, a la luz de la luna, me confundí con la hierba, el vello, las pecas y cosas así.

Haifa me dice: Tú, a partir de ahora, eres tú.

Elogio del vino

Observo el vino en la copa antes de probarlo / Dejo que respire el aire que le ha estado vedado durante años. Se ha ahogado para ser él. Ha ido madurando en su letargo, pero ha preservado para mí el verano y el recuerdo de las uvas / Dejo que tome su color, mal llamado rojo. Porque es una combinación de carmesí impregnado de una nube ligeramente negra. Un color que no tiene más color que su nombre: color vino, puestos a prescindir de falsas descripciones / Le dejo que reverencie su olor, un olor sublime y altivo de la casta de la mejor de las mujeres. Si deseas olerlo, no te lo acerques. Asegúrate primero de que tienes la mano limpia y libre de todo perfume, y luego alárgala hasta la copa, como si fuera un pecho. Al llevarte la copa a la nariz con el tiento de una abeja, te invade un olor profundo y secreto: el olor del color, que te sumerge en antiguos monasterios / Le dejo que reúna lo que su sabor sugiere para que nos dispongamos él y yo, ansiosos, a recibir la inspiración por la boca. Ni me apresuro ni me demoro, ambas cosas rompen la cadencia del placer. Me acerco la copa a los labios con la timidez del que implora un primer beso a una mujer que no sabe si le ama. Doy un sorbo. Miro hacia arriba y entorno los ojos mientras el primer alcohol recorre mis venas. Y mi gusto se entrega al cortejo regio del vino. Que me eleva a un estadio superior, ni del cielo ni de la tierra. Que me convence de que soy capaz de ser poeta, al menos por una vez.

La fama

La fama es la desgracia de quedarse sin secretos. Le cambia el paso a su dueño para que el espectador se cerciore de la solidez del terreno. La cabeza no ha de alzarse mucho, para que el cielo quede a la altura general. El espinazo hay que doblarlo un poco, para saludar a los transeúntes y a los pájaros que vuelan bajo. La mano izquierda, con un reloj que no se sabe si es de oro o de platino, ha de hundirse en el bolsillo de un pantalón gris neutro, y la derecha ha de llevar un libro o un periódico que le ayude a controlar sus movimientos. El abrigo, azul marino... cualquier otro color levantaría murmullos. La fama, desnudez indefensa, ha de protegerse con ropa de las cámaras ocultas, que aun antes de disparar están repletas de fotografías. La fama empuja a la maledicencia a cometer un crimen moral que la ley no castiga. La fama es un castigo sin falta, que condena al que lo sufre a ponerse la máscara de estar contento y sonreír según se le pida, y a aguantar largo rato de pie con quien toque, aunque le repatee. La fama condena a frases vacuas. La fama es enemiga de la espontaneidad, de la inocencia y de la intuición, es vivir en la eterna distinción entre lo que se dice y lo que se debería decir. Hace de uno dos y los mete en una habitación sin ventanas: ¿Cuál de nosotros dos embauca al otro... tú o yo? La fama es incompatible con el instinto... es una cárcel con muchas ventanas, bien iluminada y vigilada.

Las chumberas

Las chumberas que flanquean la entrada de los pueblos han sido siempre las guardianas de los signos. Cuando éramos niños, hace unos minutos, las chumberas nos indicaban el camino. Por eso nos quedábamos hasta tarde fuera, en compañía de los chacales y de las estrellas. Por eso escondíamos las pequeñeces que sisábamos –un dátil, un higo seco, un cuaderno– en sus alcobas de espinas. Cuando crecimos, sin saber cómo ni cuándo, sus flores amarillas nos incitaron a abordar a las chicas que iban a la fuente risueña, y nos jactábamos de las espinas que se nos clavaban en las manos. Cuando la flor se ajó y el fruto brotó, las chumberas se mostraron incapaces de repeler las armas del ejército asesino. Pero siguieron siendo las guardianas de los signos: allí, detrás de las chumberas, hay casas enterradas vivas, y reinos, reinos de recuerdos, y una vida que aguarda a un poeta que no se recree en las ruinas, a menos que el poema lo exija.

En la plaza vacía

Una plaza vacía. Moscas, mediodía, una higuera que no acompaña a nadie. Un perro ladra a lo lejos según me acerco a la plaza vacía. Pienso en qué hay detrás de ella, y en qué hay detrás de un poema escrito por un poeta fracasado sobre la fobia a la plaza vacía: «Yo y las palabras que he dicho, y las que no he dicho, hemos llegado a una plaza vacía». La sequedad resuena como un trozo de metal. Y tus pasos hacen un ruido parejo, «como si tú fueras otro», seguido del eco de un aire seco, «como si yo fuera él». La plaza está vacía y los pensamientos se vuelcan en lo que hubo antes: la vida que allí afluyó, llegada de callejones estrechos para tomar el sol o respirar o hablar de lo posible. No pregunté: ¿De dónde vengo? Sino: ¿Por qué he llegado a la plaza vacía? Me entra miedo. Trato de volver a algún callejón estrecho, pero todos se han convertido en culebras. Cierro los ojos, me los restriego, los abro y veo ante mí la pesadilla. No es una pesadilla. Es una realidad de pesadilla. La plaza vacía se ha vuelto más grande, la higuera más alta, el mediodía más radiante, las moscas son más. A lo lejos, los ladridos de los perros me acompañan, en alguna parte hay vida. Por alguna extraña razón, recuerdo las palabras que no he dicho... las recuerdo y se me olvidan.

Sobre la oratoria y el orador

La oratoria es hoy, la mayoría de las veces, el arte de la vulgaridad. Es un bombo que se dirige a otro bombo en una plaza que, cuanto más grande es, más se llena del eco de un estrépito hueco. El orador rellena con paja. La voz, no las palabras, se enseñorea, va en volandas de los aplausos, no sea que se tropiece con la verdad. La oratoria no es cuestión de lo que el orador-bufón desee decir, pues la voz precede al contenido inexistente, el objetivo es perorar... Es el deseo instintivo de destruir al adversario, el puyazo del picador que regocija a los aficionados sádicos. La oratoria es el fusilamiento del significado en la plaza pública. El sujeto de la frase hace acto de presencia tras la consabida pausa para beber agua, mientras que el predicado aparece más tarde, a expensas de una improvisación de incensario a partir de alguna aleya coránica descontextualizada o del poema dedicado a un príncipe omeya que el orador confunde con uno abbasí y que levanta vítores. Los vítores son la mira y la aspiración. Entretanto, el orador prepara el montón de pseudo-ideas que la escena le sugiere. Sonríe como quien recompensa al público por haber amueblado su inteligencia con las sobras de la suya. Hace una broma sin gracia, se ríen y él se echa a reír. La oratoria es el arte de incitar a los descontentos contra los descontentos con una retórica que alerta del peligro de los descontentos para la patria. El orador se quita la chaqueta y le enseña a la multitud dónde tiene su conciencia. Se mete la mano en el bolsillo del pantalón en busca de una idea y vacila entre derecha e izquierda, pues duda de qué pie cojea la gente. Pero todos le creen, tanto si son de derechas como de izquierdas. Luego, se para de repente sin cesar de repetir: ¡Creedme! La oratoria es el arte supremo de transformar la mentira en éxtasis. En la oratoria «la sinceridad es un lapsus linguae».

Sátira

El único panegírico a la altura de la mujer del sultán tendría doble hemistiquio: el de delante, para la delantera; el de detrás, para la trasera.

La elegía al sultán es un panegírico aplazado por motivos de protocolo: el chambelán no ha dejado que el poeta acceda a palacio y cumpla con su cometido. Pero le ha autorizado a visitar la tumba.

No odio al poeta que me odia. Solo le pido disculpas por el daño que haya podido causarle.

El guion es este

Imaginemos que el enemigo y yo
caemos de lo alto,
caemos
en una sima…
¿Qué pasaría? /

El guion es este:
Al principio confiaríamos en tener suerte…
Quizá nos encuentren los equipos de rescate
y nos echen una cuerda.
Él dice: Primero yo.
Yo digo: Yo primero.
Vuelan los insultos
–él a mí, yo a él–
y eso que aún no hay cuerda… /

El guion dice:
Diré para mis adentros:
«Eso se llama egoísmo del optimista»,
sin preguntarme lo que opina el enemigo.

Él y yo
compartimos la misma trampa
y el mismo cálculo de probabilidades,
esperamos la cuerda... la cuerda salvadora
que devuelva a cada uno a su suerte
al borde de la sima-agujero,
a lo que nos quede de vida
y de guerra
¡si es que sobrevivimos!

Él y yo
tenemos los dos el mismo miedo,
pero no cruzamos palabra
ni sobre el miedo ni sobre nada,
somos enemigos... /

¿Qué sucedería si una serpiente
entrara en escena
siguiendo el guion, silbando,
para devorar a los mismos dos que tienen el mismo
    miedo,
él y yo?

El guion dice:
Él y yo
tenemos que matar juntos a la serpiente

para salvarnos juntos
o cada uno por su cuenta…

Pero ninguno agradecerá nada o reconocerá
que hayamos hecho algo juntos
porque era el instinto, no nosotros,
quien se defendía a sí mismo,
y el instinto no tiene ideología…

No conversábamos.
Recordé la labia que se gastó
cuando, para matar el rato,
en una ocasión me dijo:
Todo lo que ahora es mío, es mío,
y todo lo que es tuyo
¡es tuyo
y mío!

Con el tiempo, y el tiempo es arena y espuma de jabón,
él rompió el silencio y el hastío que había entre nosotros.
Me dijo: ¿Qué hacemos?
Yo le dije: Nada… Agotemos las probabilidades.
Él: ¿De dónde vendrá la esperanza?
Yo: De lo alto.
Él: ¿Te has olvidado de que yo te enterré en un agujero
como este?

Yo: Casi lo había olvidado, porque un mañana embau-
    cador
me tiró del brazo… aunque se marchó exhausto.
Él: ¿Negociarás conmigo ahora?
Yo: ¿Y qué tienes tú que negociar conmigo ahora
en este agujero-tumba?
Él: Mi suerte y la tuya,
pendientes de un hilo y de nuestra tumba compartida.
Yo: ¿Y puede saberse para qué?
El tiempo ha volado
y el destino se ha saltado las reglas:
aquí víctima y asesino yacen en el mismo agujero.

El resto lo he olvidado…
Otro poeta será el que acabe el guion.

Unos ojos

Unos ojos que van cambiando de color. Verdes antes
que la hierba. Azules antes que el alba. Roban
al agua el color, le dedican al lago una mirada
color miel: el agua se vuelve verde…
No dicen la verdad, mienten a las fuentes
y al sentimiento. Miran el gris triste
y embozan sus atributos. Hacen rabiar a la sombra que
    irradia
de la duda entre el lila y las violetas.
Se explican de más y marean al color: ¿es
lapislázuli o una mezcla de esmeraldas con crisolitas y
    puras
turquesas? Crecen y empequeñecen como si de senti-
    mientos se tratara…
Crecen cuando los astros se pasean por las azoteas.
Empequeñecen en el lecho del amor. Se abren para re-
    cibir
un sueño vítreo en los párpados de la noche. Se cierran
    para
recibir una miel que chorrea de las colmenas.

Se apagan igual que la nada incendia, poética, profun-
da, sensiblemente,
de lunas el bosque. Luego torturan a la sombra:
¿Ese verde oliva y el azul turquí me harán verdear, a
mí, el gris
neutro? Miran al vacío. Con mirar almendrado
pintan de azul turquí el collar de la paloma. Petulantes
despliegan abanicos
de pavo real en algún jardín. Lanzan a las alturas
álamos y sauces. Huyen de
los espejos, demasiado angostos. Se imponen al día:
miran la nada en torno, que se levanta y huye
sin aliento. Se imponen a la noche: dos espejos
de mi destino desconocido. ¿Veo o no veo
qué viaje por los mares y los cielos me reserva la no-
che? Estoy ante ellos,
soy o no soy. Unos ojos serenos, nublados,
embusteros y francos son sus ojos. Y ella ¿quién es?

Aquí, ahora, aquí y ahora

AQUÍ

Aquí estamos, entre los posos del algo
y de la nada, viviendo
en las afueras de la eternidad.

Jugamos al ajedrez a ratos,
ajenos a cuanto queda tras la puerta.
Seguimos aquí,
levantando de los escombros
palomares selénicos.

Conocemos el pasado sin tener pasado,
sin dedicar las noches de verano a perseguir
epopeyas doradas del ayer.

Somos quienes somos sin preguntarnos
quiénes somos: seguimos aquí,
zurciendo los ropajes de la posteridad.

Somos hijos del aire ni cálido ni frío,
del agua, hijos del barro, el fuego y la luz,
de la tierra de los ímpetus humanos.

Tenemos media vida,
media muerte,
planes de inmortalidad... y de identidad.

Patriotas como el olivo,
pero hartos del narciso que se mira
en el agua de los cantos patrióticos.

Sentimentales sin motivo,
cantarines reincidentes,
se nos olvida la letra de las canciones sentimentales.

Aquí estamos, en compañía del significado:
nos rebelamos contra la forma
y le damos a la obra otro final.

Somos, en el nuevo acto,
naturales, gente corriente,
no monopolizamos a Dios
ni el llanto de la víctima.

Seguimos aquí,
con nuestros grandes sueños, como
enseñar al lobo a tocar
la guitarra en las fiestas del pueblo.

Y con nuestros pequeños sueños, como
despertarnos curados del fracaso
y no soñar con cosas imposibles.

Estamos vivos aún... y soñamos aún.

Aquí, en lo que queda de la palabra de Dios
sobre las rocas,
de noche y al alba damos gracias
–quizá nos escuche lo invisible, e inspire
a algún joven un verso del himno de la eternidad.

AHORA

Ahora, entre ayer y mañana, una mujer limpia
        los cristales de su casa. Ni olvida ni recuerda.

Ahora el cielo está limpio.

Ahora un amigo me pregunta: ¿En qué consiste ahora la felicidad?

Y antes de que responda se ha marchado.

Ahora, entre ayer y mañana, hay un abismo ondulante y provisional.

El tiempo se ha parado, como un instante entre dos momentos.

Ahora el país es bello y frágil.

Ahora las colinas se alzan para amamantar a unas nubes tenues

y escuchar la Revelación. El futuro es la rifa de los perplejos.

Ahora nuestro ayer pule un icono de piedra lunar.

Ahora vivimos un pasado y un futuro juntos. Caminamos en

dos direcciones –quizá intercambien un saludo poético.

Ahora el significado tiene los zarpazos de un presente a jirones, como la geografía.

Ahora, mientras el tiempo aún joven se echa la siesta, la blanca
  eternidad trastoca los nombres de lo sagrado.
    No hay profetas en
  la carretera del litoral.

Ahora nace en nosotros un poeta –quizá elija una madre para conocerse a sí mismo.

Ahora brota un presente del granado.

Ahora solo el espacio es dueño de las golondrinas.

Ahora eres dos, tres, veinte,
  mil, ¿cómo sabes, entre tantos, quién eres?

Ahora has sido.
Ahora serás
  y sabrás quién eres... para ser.

AQUÍ... Y AHORA

Aquí y ahora... la historia no se cuida de los árboles ni de los muertos. Los árboles crecerán y ninguno será más alto y majestuoso que otro.

Los muertos, aquí y ahora, recuperarán sus nombres
y sabrán cómo morir.
Los vivos habrán de convivir no
sabiendo cómo es la vida sin textos mitológicos…
libres de los errores del realismo de una realidad a la
    medida.
Y dirán:
Aquí seguimos,
conjurando estrellas fulgurantes
en las letras del alfabeto.
Y cantarán:
Aquí seguimos,
acarreando el fardo de la eternidad.

Glosario

Azora «La Noticia»: Nombre de la azora 78 del Corán. Comienza interrogando al creyente en estos términos: «¿Por qué se preguntan unos a otros? / Por la enorme Noticia, / de la cual discrepan», y llama su atención hacia los signos de la grandeza divinidad en su creación, que anuncian la existencia de otra vida tras la muerte física.

Azufaifo: Alusión a un pasaje coránico (C 53:13-16) que ha sido objeto de numerosas disquisiciones. Se suele aceptar que el azufaifo del confín es un símbolo de la plenitud espiritual que logra el hombre una vez alcanzado el límite de su conocimiento, más allá del cual solo Dios sabe.

Barada: Río de Damasco, nombrado en alusión al poeta sirio Nizar Qabbani (1923-1998), muerto en Londres.

Barzaj: En la tradición islámica, mundo intermedio entre la muerte y la resurrección. En el barzaj, el difunto que no se ha arrepentido de sus pecados sufre «los castigos de la tumba», a la espera del Juicio Final y de que Dios sentencie el destino de cada ser humano.

Dad [ض]: Letra del alifato y un fonema de realización especialmente ardua, cercano a una /d/ oclusiva. Tradicionalmente, a la lengua árabe se la conoce como «la lengua de la *dad*», pues este fonema, que se tenía por exclusivo del árabe, distinguía el habla de los beduinos, considerada la más pura.

El collar de la paloma: Obra del cordobés Ibn Hazm (994-1063). Es un tratado amoroso inspirado en modelos orientales; ahonda en la psicología de la aristocracia de la Córdoba omeya.

Hittín: Localidad en los alrededores del lago Tiberiades, donde se libró la batalla en la que Saladino derrotó a los cruzados (1187) y que abrió el paso a la reconquista árabe de Jerusalén.

Marj Ibn Amar: Fértil llanura del norte de Palestina, entre Galilea y las montañas de Nablus.

Mu'allaqas: Composiciones de la poesía oral preislámica, compiladas en el siglo VIII, cuyo nombre significa literalmente 'las que penden', en referencia a la tradición que afirma que de los muros del templo de la Caaba colgaban las casidas de los poetas triunfantes en la Arabia anterior al islam; las rutas comerciales que pasaban por La Meca se servían de los reinos cristianos de gassaníes y lajmíes como tapones frente a Bizancio y Persia. Las *mu'allaqas* quintaesencian la poesía antigua, erigida en modelo lingüístico y estético de la poesía árabe.

Nun [ن]: Letra en la que riman las aleyas de la azora coránica conocida como «El Clemente» o «El Compasivo», uno de los atributos más habituales para designar a la divinidad (C 55). Esta azora es una de las más memorizadas y de las primeras que aprenden los escolares, a lo que colabora en buena medida la rima. La *nun* se corresponde con el fonema /n/ y su trazo recuerda un círculo no cerrado alrededor de un punto superior, lo cual presenta reminiscencias visuales de la disposición de los asistentes a un entierro, ceremonia en la que suele recitarse esta azora, que describe las bondades de la creación, la fiereza del infierno y la dulzura del paraíso, todo ello obra de Dios, y en la que una interpelación repiquetea a modo de estribillo cada dos o tres aleyas: «¿Qué dones de vuestro Señor negaréis?».

Yahilí: Por poetas *yahilíes* se tiene a los que vivieron antes de la aparición del islam (s. VII), época conocida como *yahiliya* ('ignorancia'). Su poesía ha nutrido el imaginario árabe, ligado a la vida del desierto y el nomadismo. Los poemas de la *yahiliya*, las llamadas *mu'allaqas*, forjaron el prototipo estético y espiritual de la poesía árabe clásica.

*

Abu Firás al-Hamdani (932-968): Caballero, poeta y guerrero al servicio del emir de Alepo, Saif al-Daula, su primo y mecenas. Preso en Constantinopla, compuso unas *rumiyat (bizantinas)*, poemas cercanos a una romanza en su espíritu fresco y su aire cantado. La sinceridad y cercanía que destila la voz de Abu Firás –el recuerdo de su madre y el arrullo de una paloma inspiran dos de sus más conocidas *romanzas*– las recoge Darwish para crear un paralelismo vital y poético entre él y Abu Firás, ambos supervivientes de la pompa de sus respectivas épocas.

Al-Maarri (973-1058): Uno de los grandes poetas árabes clásicos, ciego desde niño, célebre por su lucidez, entre estoica y cínica.

Edward Said (1935-2003): Intelectual palestino-estadounidense; estudioso y profesor, autor de *Orientalism* (1978), obra clásica de los estudios sobre poder y representación cultural.

Ibn Jaldún (1332-1406): Historiador y político magrebí. Los «Prolegómenos» (*Muqaddima*) a su voluminosa historia universal están considerados la obra fundacional de la filosofía de la historia y de la sociología.

Nizar Qabbani (1923-1998): Poeta sirio. Uno de los poetas árabes más leídos. Se le considera el poeta del amor y de la revolución, y su lengua, directa, clásica y coloquial a la vez, azotó la hipocresía, corrupción y tiranía de los regímenes árabes poscoloniales. Qabbani vio en la pérdida de Al-Ándalus, en una Córdoba que se le confundía con Damasco, su ciudad natal, el presagio de la derrota total de los árabes, a los que él cantó en su diversidad y su unidad.

Um Kulzum (1898-1975): Diva egipcia de la canción árabe. Los temas que cantó, compuestos por los mejores músicos de su época, han pasado al acervo de los pueblos árabes. En la década de 1960 tenía un programa semanal en Saut al-Arab, emisora de radio que se oía clandestinamente en la Palestina del Interior (los territorios palestinos que quedaron en Israel en 1948). Aún hoy su música se escucha en los más insospechados rincones del Mundo Árabe.

Índice